JN069051

齋藤孝

サンマーク出版

はじめに　たくさんのお友だちと仲よくするには話し方が大事

きみたちのまわりには、話すことがうまい人っているよね？

そういう人といると楽しくなったりしないかな。

反対にいつもおこったような話し方をする人だと、話しかけづらくなってしまうよね。

話し方は、とても大切です。**話し方次第で、相手はきみのことを「やさしい人」「元気な人」「怖そうな人」と判断しますからね。**

本当は元気なのに、ボソボソと話していたら「元気のない人だな」と思われたり、本当はやさしい人でも、話し方が冷たかったら、「冷たい人だな」と思われたりすることもあります。

「でも、わたしは話すのが苦手で……」と、落ちこまなくても大丈夫。ぼくは、話し方やコミュニケーションのしかたは、スポーツや楽器と同じで、練習でうまくなると思っています。コツを覚えて練習すれば、どんな人とでも無理せずに話せるようになります。

もちろん人とくらべる必要もありません。

きみなりに「こういうふうに伝えたいな」「みんなの話をちゃんと聞きたいな」という気持ちをもって、話したり聞いたりするだけで十分です。きみからうまく話せないなら、相手の話をしっかり聞いて、ウンウンとうなずくだけでもOKです。それだけで、相手

はきみとの会話が楽しくなるものなんですよ。

つまり、話し方の根っこにあるのは、相手に対する思いやりなんです。「この人と仲よくなりたいな」「この人をはげましたいな」といったきみの気持ちがあれば、自然と相手を傷つけないような言葉を選んだり、「ここは相手の話を聞いてあげよう」と思えたりするようになります。

そんな「思いを伝えられる話し方」を、この本で覚えてみてくださいね。

齋藤 孝

正解は一つじゃないから、自分の言いやすい言葉を選んでね

基本
できる!
これだけでもOK

この本で話し方について教えてくれる人たち

ひなちゃん

チアリーディングとけん玉が好き。明るくてしっかりものだけど、たまにやりすぎちゃう

ひろとくん

サッカーが大好き。友だちをいつも大事にするので好かれている。実は泳げない

ゆいちゃん

前に出て話すのは苦手。困っている子に気づいて声をかけるやさしい子。ねことアイドルが好き

そうたくん

頭がよくてたまに難しいことを言う。あまり空気を読まないけれど、よく助けてくれる

齋藤先生

大学の先生。日本語や話し方のスペシャリスト。ときどきテレビに出没

はじめに

第1章 友だちと仲よくできる話し方 基本のルール

第2章 学校で活躍できる話し方

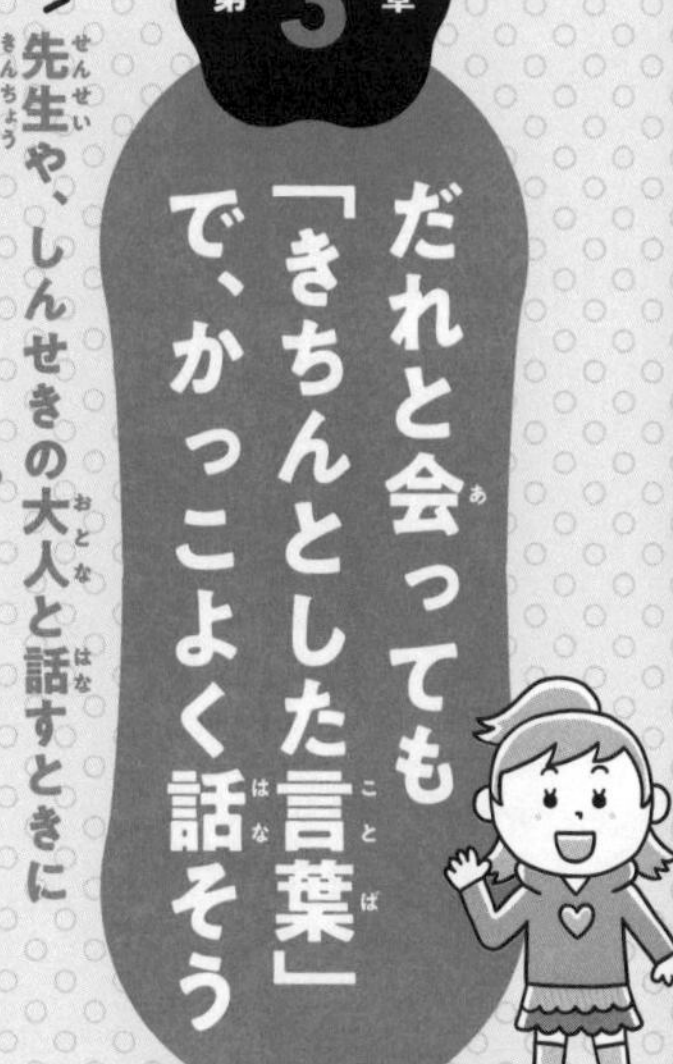

第3章 だれと会っても「きちんとした言葉」で、かっこよく話そう

第4章 SNSとどう付き合う？

編集協力 菅原嘉子
ブックデザイン 萩原弦一郎（256）
DTP 株式会社キャップス
イラスト 森のくじら
オビ写真 朝日新聞フォトアーカイブ
校正 鷗来堂
編集担当 多根由希絵（サンマーク出版）

第1章

友だちと仲よくできる話し方 基本のルール

友だちと仲よくなれる人ってどんな人？

「友だち」って、どんな人のことだと思いますか？
毎日いっしょにいる人？
それとも、なんでも話せる人のこと？

たとえ仲よくしていても、ときどきいやなことをしてくるのであれば、そういう人は「友だち」とはいえないよね。

「友だち」というのは、「○○のアニメ、おもしろいよね」とか、ちょっとしたことを軽く話せて、いっしょに楽しく過ごせる関係のことをいうのです。

なんとなく言葉をかわすだけで、気持ちがラクになるような人。それは「友だち」といえますよね。

そういう「友だち」を見つけたり、仲よくしたりするための話し方のコツを、ここで覚えておきましょう。

【仲よくなりたい】

仲よくなりたくなる人の話し方ってどういうもの？

① 相手に届くように話そう

② ポジティブ（前向き）な話をしよう

③ 相手をつぶすような言い方はきらわれる

④ 大事なのは「そうだね」って相手に共感すること

⑤ だれとでも仲よくなるには笑顔が大事！

仲よくなりたくなる話し方の5つのポイント

①相手に届くように話そう

「話す」ということは、相手がいてこそ成り立つものなんだ。だから、相手の様子を見ないままで話しかけると、相手が受け止めてくれないこともあるんだよね。

話しかけるときには、まず相手に胸を向けてみてほしいんだ。すると、自然と顔も相手へと向くよね。そのまま1秒ぐらい相手の目を見ると、糸電話の糸みたいに、相手と心が通じ合っているような「線」ができるんです。これをぼくは**「意識の線」**と呼んでいます。

この「意識の線」は、「これからあなたに話しますよ」という合図になるんだ。これだけで、相手はきみの話をしっかり聞いてくれるようになりますよ。

②ポジティブ（前向き）な話をしよう

前向きじゃない話って、聞いていると「いやだな」「疲れるな」という感じがするよね。

たとえば、前髪を切りすぎたときに、「ヘンだよ」と否定的なことを言われると、落ちこんでしまうと思うんだ。でも、「似合ってる！」と前向きなことを言われると、心が明るくなるよね。

③相手をつぶすような言い方はきらわれる

会話ってキャッチボールなんだよね。きみが投げた言葉というボールを、相手が受け取って、相手が投げた言葉をきみが受け取る。

そんなキャッチボールのなかで、相手の投げてきた言葉に、「それはちがうんじゃない？」と思ってしまうこともありますよね。

そういうときには、意見をそのままぶつけるのではなく、**「わたしはこう考えるんだけど、どうかな？」**と、提案するような言い方をしてみてほしいんだ。すると、相手も「そういう考え方もあるんだね」と納得してくれるかもしれません。

④大事なのは「そうだね」って相手に共感すること

話していると、「わかるー」「それな！」なんて言うことがありますね。それが「共感」なんです。

共感とは、自分以外の人のことを、「わたしもそうだよ！」「ぼくと同じ！」と思う気持ちのこと。**人間がどうして会話をするかというと、この「共感」をしたいからじゃないかな、とぼくは思います。**

だから会話では、相手の言うことに「でもさ」「そうじゃなくて」

と言って、ブレーキをかけてしまうのではなく、共感することが大切なんだ。ウンウンとうなずいて、共感していることを伝えるだけでも、会話がスムーズになりますよ。

⑤だれとでも仲よくなるには笑顔が大事！

ニコニコしている人と、ムスッとしている人。きみだったら、どっちの人と「話したいな」と思うかな？　もちろん、笑っている人のほうだよね。つまり、**笑顔には人をひきつけるパワーがあるんです。**ニコニコじゃなくても、ほんのりほほえんでいるだけでもＯＫ。そうしていれば、自然と人が集まってきます。

POINT

5つのポイントを忘れずに

③相手をつぶさないようにしよう

④「そうだね」って共感する

⑤笑顔が大事！

【仲よくなりたくなる人の話し方】

①相手に届くように話そう

②ポジティブ（前向き）な話をしよう

【仲よくなりたい】

感じのいい人のあいさつは？

基本(きほん)

自分(じぶん)からあいさつをしよう

できる！

気(き)づかれなくても気(き)にしない

これだけでもOK(オーケー)

あいさつだけはして、あとはあまり話(はな)さなくても大丈夫(だいじょうぶ)

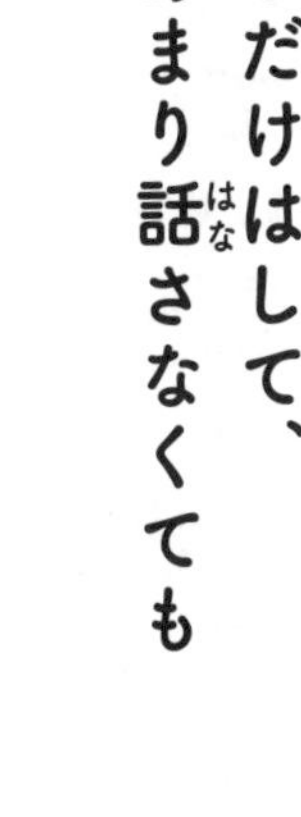

あいさつができれば、たいていだれとでも仲よくなれるんだ！

あいさつって、魔法みたいなものなんだよね。「おはよう」「こんにちは」と、自分からあいさつをするだけで、「この人、いい人そうだな」「お話ししてみたいな」と思われやすくなるのですから。

反対に、どんなにいい人であっても、あいさつをしないと、「あの人、いやな感じだね」なんて思われたりすることもあります。

あいさつは、出会った人に対して、「あなたを悪く思ってはいませんし、いやなこともしませんよ」ということを示すものなんだ。

つまり、**「わたしはあなたと仲よくしたいと思っています」**とい

うメッセージなのです。

だから、あいさつをしないってことは、「わたしはあなたと仲よくする気がありません」と言っているようなものなんです。

そこで、みんなに覚えておいてほしいのは、**「あいさつさえできれば、だいたいOK!」**ということ。自分から「おはよう!」と言えれば、人付き合いの99%はうまくいくんです。

ぼくは「苦手な人とうまくやっていけません」なんて相談を受けることがあると、必ず「まず自分からあいさつをしよう」とアドバイスするようにしています。

「おはようございます」の一言を伝えるだけで、相手は「きらわれてないんだな」と思ってくれるのです。それだけで、きみの気持ちはとても楽になるよね。

そして、あいさつさえしておけば、その人とそんなに話さなくても、よい関係になることが多いんだ。これがあいさつのすごいところです。だからこそ、あいさつはするようにしてくださいね。

あいさつしても返してくれないこともあります

たまにだけど、あいさつをしても、相手が返してくれないこともあるかもしれない。そういうときは、気にしないのがいちばんです。

相手があいさつを返してくれないのは、たいていの場合、相手があいさつに気づいていないんだよね。

たとえば、相手が勉強に集中していたり、ほかの人とのおしゃべりに熱中していたりしたら、きみのあいさつが聞こえないこともあるんだ。そういう場合は、きみが悪いわけでも、相手が悪いわけでもない。ただ、聞こえないタイミングだっただけですから。

相手から見たらどう？

気づかなかっただけなんだ。ごめんね

だから、「わたしをきらっているから、わざとあいさつしなかったんだ」なんて思う必要はありません。**相手の反応を気にしないこと**も、あいさつの大切なポイントなんだよね。そして、相手が聞き取れそうなときに、もう一度あいさつをしてみよう。

POINT

あいさつさえすれば、みんな仲よくなるよ

【楽しく会話をしたい】

自分が話をしても楽しくない気がして話が上手な人っていいなあと思います

基本

「へえ」「それでどうなったの」とリアクションを上手にとろう

できる!

相手ががんばっていることについて質問しよう

これだけでもOK

おもしろそうに聞くだけでも大丈夫!

自分から話さなくても、上手に話を聞けばもりあがるよ

会話をしていても、すぐに話が止まってしまうと、「自分は会話がヘタだな」なんて思ったりしないかな？　そんなときは落ちこまずに、相手に話してもらうようにすればいいと思います。

「今日、寝坊しちゃって」と相手が話したら、「ぼくも寝坊したよ」と自分の話にしてしまうのではなく、「**へえー！　それでどうなったの？**」と、相手の話が続くような受け答えをしてみてほしいな。

すると相手も、「それがね、目覚まし時計が壊れてて……」と、どんどん続けて話してくれるんです。

そのとき、**おもしろそうに聞くようにすることも大切**です。正直いって、人の話はおもしろいものばかりじゃないよね。「つまんないな」「それ、前も聞いたよ」みたいな話だって多いです。
それでも、「つまんない！」なんて言わずに、**「へぇー。そうなんだ！」「それでそれで？」**と、おもしろそうに聞いてみてほしいんだ。すると、相手は「この人、話しやすいな」と思ってくれますし、話そのものが本当におもしろくなったりもするんです。

相手から見たらどう？

リアクションがないと話しづらいよ

質問をしてみよう

もう一つ。「質問する」ことでも話はもりあがります。

相手がしていることに、**「それ、どうやってやるの？」**と質問してみましょう。

質問するというのは、相手の興味やがんばっていることに寄りそうということなんです。たとえきみに興味のないことであっても、「それってどうやるの？」「これってどういうこと？」と質問することで、相手は楽しく話してくれる。だから、**どんなことにも興味をもつことが、話を聞くうえではとても大切なのです。**

ただし、質問するにしても、相手のいやなことについてたずねるのはやめようね。大切なのは、「相手がよろこんで答えてくれそうなことを見つけて、質問する」ことです。

POINT

聞く人がうまいから話はおもしろくなる！

【どっちの聞き方の人と話したい?】

【仲よくなりたい】

友だちになりたい。なんて話しかけようかな……

基本

「ねえねえ、何が好き？」と質問しよう

できる！

「いっしょにやろう」と声をかけよう

これだけでもOK

相手が話し始めたら「おもしろそう！」と聞いてあげよう

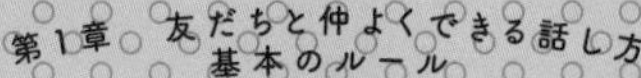

「ねえねえ」って声をかけてみよう

友だちになるためのきっかけは、やっぱり話をすることかな。

でも、いきなり「友だちになってください！」なんて話しかけると、相手もとまどってしまうかもしれないね。

ぼくのおすすめとしては、**「ねえねえ」という感じで、軽く声をかけてみることです。**たとえ一度も話したことがなくても、「ねえねえ」と言われたら、思わず「なに？」「どうしたの？」って答えますよね。

そうしたら、**「何か好きなものある？」**と、相手の好きなものを聞いてみてください。または、**「〇〇っていうアニメ、好き？」「じゃあ、〇〇っていうユーチューブ動画は好き？」**といったように、きみが好きなものを二つぐらい言ってみてほしいんだ。もし、「わたしも好き！」と言ってもらえたら、好きなものの話題でもりあがれるので、一気に友だちになれるはずだよ。

相手が好きなものに「おもしろそう！」と言ってあげる

もし、相手の好きなものをきみが知らなかったとしても、「**それっておもしろそう！　どんなものか教えて**」と言えば、「知らないけれど興味はある」という気持ちを伝えられて、話を続けられます。

ここで大切なのは、**相手の好きなものに、「いいね」と言ってあげること**なのです。それだけで、相手はうれしくなるものなんだ。

そして「**どんなところが好きなの？**」なんて聞いてあげれば、相手は「自分の好きなものを応援してくれる人なんだ」と思って、たくさん話をしてくれますよ。

反対に、きみが「〇〇が好きなんだよね」と言ったときに、相手から「興味ない」と言われることもあると思います。そんなときには、**「じゃあ、何が好きなの？」**と、聞いてみましょう。

どんな場合でも、相手の話を否定せずに**「いいよね」**とみとめたり、**「何が好きなの？」**と好きなものを聞いたりすることで、会話の流れをつくることが、友だちになるためのいい方法だと思います。

いっしょに何かをやろう

すでに友だちになっているけれど、まだちょっとよそよそしくて、「もっと仲よくなりたいな」なんて思っているなら、何かかんたんにできそうなことについて、**「いっしょにやってみない？」**と声をかけてみたらどうかな？

たとえば、授業で理科室や音楽室など、教室を移動するときに、**「いっしょに理科室に行かない？」**などとさそってみると、それだけでとても仲のいい友だちのような感じになります。

「さそっても、断られないかな？」と不安になるかもしれないけど、その場ですぐできることであれば、断る人は、あまりいないと思います。だいたいの人は、「うん。いいよ」「いっしょにしよう」と言ってくれるはずです。

それで、実際にいっしょに遊んだり、教室を移動したり、勉強をしたりすると、それだけで仲のよさのレベルがグンと上がっていくものなんです。

POINT

相手の好きなものを大事にしよう

③相手の好きなものについて質問しよう

「興味ない」って言われたら？

④一緒に何かしよう

【お友だちになる方法】

①「ねえねえ」って声をかけてみよう

②好きなものを聞いてみよう

【楽しく会話をしたい】

あまり親しくないクラスメイトと遠足のバスでとなり合わせ。沈黙の時間になりそうで心配

基本

とにかく最初に話をしよう

できる!

共通点を見つけよう
(「ゲームは何かやってる?」「好きな音楽とかある?」)

これだけでもOK

「遠足、どこが楽しみ?」と今起こっている共通のことについて話そう

目の前で起こっていることを話題にして話そう

だれかといっしょにいるときに、だまったままでいるのって、けっこう疲れるよね。そうなる前に少しだけでも会話ができると、とても楽になります。

遠足のバスでとなりの席になった子と、あまり親しくなかったとしても、**「ねえねえ、今日の遠足さ、どこが楽しみ？」**と、まずは聞いてみてほしいんだ。それで、「公園が楽しみ」「お弁当かな？」と返ってきたら、「公園で何しようか？」とか「今日はどんなお弁当なの？」と、さらに聞いてみると、話は続きますよね。

これはかんたんにいうと、**「お互いに共通していることを話す」**

ということなんです。今いっしょに見ていること、いっしょにやっていること、二人が好きなことを探して話をしてみるのです。

たとえば、「いっしょにバスに乗っている」ことも、共通している部分だから、**「わたしはバスに乗ると乗り物酔いしやすいんだけど、あなたはしないの？」**と話してもいいよね。「乗り物酔いはしない」と言われたら、**「乗り物酔いしないコツとかあるの？」**みたいに、質問してもいいですね。

それに、遠足に行くバスでとなりになるということは、「クラスがいっしょ」という共通点があるんだから、クラスのことを話題にしてもOKです。**「うちのクラスって、ほかのクラスよりにぎやかだよね」「この間の学級会で先生が話していたことはおもしろかったね」**といった話題を、あらかじめいくつか頭に入れておいてもいいんじゃないかな？

相手がまったく話してくれないときは？

どんなに話しかけても、相手が反応してくれなかったり、ちょっとめんどうそうな態度をとられたりすることもあるよね。そういう場合には、放っておいてもいいと思います。

無視されたときには、「きらわれてるのかな？」なんて考えずに、**「具合が悪いのかもしれないな」「疲れているのかな？」と考えて、そっとしておいてあげてください。**

話しかけてもだまっている子の中には、言われたことにうまく反応できないタイプの子もいるんだよね。

体調が悪かったり決まったことにしか関心をもてない子もいます。そういう子は、決して意地悪なわけでも、冷たいわけでもないということは、理解しておきたいよね。

それに、どんなに反応がなくても、**少しずつ話をしていけば、「この人、悪い人じゃないんだな」とわかってくるものです。**だから、相手の反応があまりよくなくても、あまり気にせずに、いくつかの話題について話してみてほしいんです。そのうち、とつぜん話にノッてくることもありますから。

POINT

相手と「同じ」ことを見つけてみよう！

【仲よくなりたい】

グループで遊んでいる子たちの仲間に入りたいけど、ふだんはあまりいっしょに遊ばない子たちばかりで声をかけづらい

基本

「入れて」って言おう

できる!

断られたら
そのときはあきらめて
他の子と遊ぶ

これだけでもOK

やさしそうな子に
声をかけてみよう

だれか一人にでも「入れて」って言ってみよう

仲間に入りたいときには、**「入れて！」**と言うのが基本なんだ。

こればかりは、勇気を出して声をかけるのがいいと思います。

でも、なかなか声をかけにくいこともありますよね。とくに、グループの子たちの仲がよさそうだと、入りにくそうでもありますし、「声をかけちゃ悪いな」なんて思ったりもするよね。

そんなときには、グループの子たちをよく見てみてほしいんです。その中に、**グループのメンバーじゃない子にもやさしく接していたり、気づかいができていたりする子がいないかな？**　そういう子を探してみて、その子に「入れて」と言ってみてください。きっと

「いいよ」と言ってくれると思うよ。

じつは、大人でも、何かのグループに入る場合には、グループの中のだれか一人に声をかけて、その人に、ほかのグループのメンバーに紹介してもらう……なんていうことは多いですから。

そして、もしきみ自身がグループの一員で、だれかが入りたそうに見ているのに気づいたら、積極的に声をかけてあげたり、「入らない？」とさそってあげるようにしてほしいな。

断られたら、どうしよう??

さて、きみが勇気をふりしぼって、グループの子に「入れて」と言ったとしても、断られることもあるかもしれない。「仲のいい子たちだけでやってるから、ちょっと無理」みたいにね。

たとえそう言われたとしても、必要以上に落ちこんだり、悲しんだりする必要はありませんよ。

大人の世界では、よく「縁」という言葉を使います。これは、人と人との関係を表す言葉ですが、**「入れて」と言ったのに、入れてもらえなかったら、「この人とは縁がなかった」と表現するんです。**

縁がないというのは、かんたんにいうと「もともとつながりがない」という意味です。外側から見ていたら、よさそうなグループで、自分も入りたいとは思うけれど、じつはあまり合わない人たちだった可能性が高い、ということなんですね。

だから、「お願いだから入れて！」と頼みこんで、無理やりグループに入れてもらったとしても、あまり楽しくなかったり、自分と合う人が一人もいなかった……なんてことが起こりやすいんです。

それに、断ってきた側にも、それなりの事情があるかもしれないよね。グループ内でしか話せないことがある人の集まりかもしれないし、もしかしたら、「自分たち以外の人はぜったいに入れない！」

なんて、ものすごく意地の悪い人たちの集まりかもしれないしね。

どんな状況にせよ、**拒否されたり、合わない人たちのグループに入ったりしても、あまりいい結果にはならないので、断られたからといって傷つく必要はないんだよ。**だから、とりあえず「入れて」と言ってみて、断られたら、きみに合う友だちやグループを見つけて、いっしょに遊んだほうがぜったいに楽しいし、いいこともたくさんあるはずですよ。

POINT

断られても気にしない。「入れて」って言ってみよう

【仲よくなりたい】

学校に行ったら、みんなもりあがっていて、出遅れたみたい！話に入りたい！

ねえねえ、
何の話??

基本

「ねえねえ、入れて入れて」
と何度も言ってみよう

できる!

「へえー、へえー」って感じで
反応しながら入っていく

これだけでもOK

うなずいたり、
反応したりしながら
そばで聞いているだけでも
いいと思う

「へえ～」と言いながら話の輪に入っていってみよう

みなさんは大なわとびって知ってるかな？　長いなわを回して、みんなでとぶ競技のことです。あのなわが回っているところに、一人ずつ入っていくときって、うまくタイミングをみないといけないよね？

会話に入るコツも、大なわとびと同じです。うまくタイミングを見て、「へえー」と反応をすることで、スッと会話に入っていけます。

もちろん、仲よしの相手なら、「何の話をしてたの？」と聞いても大丈夫です。しかし、そんなに仲がよくない相手に聞いてしまうと、「今、仲間だけで話をしていたのに」と思われてしまうこともあるし、相手の話の腰を折ってしまうことにもなります。

だから、まずはタイミングを見て、「**へえー、そうなんだ**」とあいづちを打ちながら話の中に飛びこんでみてほしいんだ。

最初のうちは「何の話だろう?」と思うことがあるかもしれませんが、聞いているうちに話がわかってくるはずですからね。

そして「話が聞こえちゃったから、ぼくも反応するね」といった感じで、「**へえー**」とうなずいたりして、話題やその場の雰囲気になじむようにしてみてほしいんです。**この「なじむ」ということが、かんたんに言うと、「いっしょの話題を話せる仲間になる」ということなのではないかなと、ぼくは思います。**

表情だけでも会話はできる

どうしても「声をかけにくいな」と思ったら、近くにいてうなずいたり、表情で反応したりしてもいいんじゃないかな？　それでも十分、「いっしょに聞いてくれてるんだな」と伝わりますから。

ぼくは以前、知っている言葉がまったく通じない人と話したことがあるんです。それは北極圏に住む「イヌイット」という民族の人なんだけど、お互いにまったく言葉がわからないのに、1時間ぐらいもりあがったんだよね。

話はわからなくても、相手が笑ったらぼくも笑う、みたいなことをしたり、ぼくが飲みものを飲んだら、相手も飲んで

乾杯したり……。あるいは、イヌイットの言葉を言ってもらって、それをぼくがくり返すと、相手は「ちょっとちがうな」みたいな表情で、言葉を教えてくれようとしたりね。そんなことでも十分にもりあがれたのです。

つまり、人間というのは、言葉だけで会話をしているわけではないのです。表情やあいづちのような体の表現でも、十分に会話として成り立つこともあるんです。

それには、お互いに様子をよく見て、気を合わせたり、笑顔でいることを心がけたりすることが大切だけどね。

だから、「わたしもみんなといっしょにいるよ」という雰囲気を出せば、無理に話しかけなくても大丈夫だと思いますよ。

POINT

反応を返しているだけで話には加われる

【気持ちを伝える】

自分の気持ちを説明したいけど、うまく言葉にできない。正しくないかもしれないし、よくわからない

基本

「〜かもしれない」ことを思いつく限り話そう

できる!

友だちに「こういうこと?」って質問してもらったら?

これだけでもOK

「うまく言葉にできないんだけど」という前置きをして、なにかしら言えばいいと思うよ

気持ちって、もともと伝えにくいものなんです

気持ちって、目に見えないものですよね。ということは、形にできないものですし、**言葉にするのもけっこう大変なんです。**

「『悲しい』とか、『うれしい』みたいに、言葉にできるんじゃないの？」と思うかもしれないけど、きみが思っている「うれしい」と、ぼくが思っている「うれしい」が、まったく同じかといったら、ちがうよね？　それに、きみが今日「うれしい」と思ったことと、1年前に思った「うれしい」も、まったく同じではないと思うんだ。

その「うれしい」のちがいを言葉で説明するとなったら、けっこう大変だよね。だから、気持ちというのは、かんたんに説明できるものではないということを、まずは覚えておいてください。

それでも、どうしても自分の気持ちを伝えたいときや、伝えなくてはならないときがあると思います。「悲しい」とか「うれしい」といった言葉で言い表せないようなモヤモヤした気分だったり、「うれしいけどさびしい」みたいな、二つの気持ちが混じっていたりするときは、どうやって伝えればいいのか悩むかもしれません。

そんなときのための、魔法の言葉があるんです。それは「**うまく言葉にできないんだけど**」です。

これをつけて話すことで、相手は「きっとうまく説明できないけど、一生懸命話そうとしているんだな」と気づいて

わたしうれしいの？
さびしいの？
おおお―

くれます。そして、あなたの説明が言葉足らずであったとしても、「もしかして、こういうことなの？」と、相手が言葉を付け加えてくれることもあります。

その後は、**「なんとなくこんな感じかな？」「でも、ほかにはこういう気持ちもあるかもしれない」「いや、そうじゃなく、べつの気持ちかもしれない」**といったように、ぼんやりしていても、できるだけ自分の気持ちに近い表現で伝えるようにしてみてほしいんだ。

気持ちはもともと伝えにくい

ものなんだから、1回で決めつけるような言い方はしなくても大丈夫です。まずは、「かもしれない」という感じで、思いつく限りの気持ちを表す言葉を口にしてみます。

そうすると、相手も「つまり、〇〇って気持ちなの?」「わたしが〇〇のときの気持ちと同じかな?」なんて、いろいろと考えてくれたりします。そこから、「たしかにそういう気持ちかも!」と気づけたりします。

そうやってやりとりしているうちに、だんだんと自分でも気持ちを深く理解できるようになって、「こういう気持ちだったんだ」と、はっきりとした言葉で説明できるようにもなりますよ。

POINT

気持ちを言葉にするには、いろいろ言葉をためしてみる

【気持ちを伝える】

変なあだ名をつけたり
いやなことを言ってくる
人がいるんですけど！

基本(きほん)

「やめて」って言(い)おう

できる!

「それを言(い)われると ちょっと気持(きも)ちが 落(お)ちこむんだけど」と 軽(かる)く言(い)ってみる

これだけ でもOK(オーケー)

先生(せんせい)に相談(そうだん)するのがいいと思(おも)う

いやなことは「やめて」って言おう

変なあだ名できみを呼んだり、いやなことを言ってくる人は、わざと言っている場合もあるし、こっちがいやだと思っていることに気づかないで、言い続けているかのどちらかだと思うんだ。

これは「どっちならば許せるか」とか、「わざとじゃないならいい」といった話ではなく、**きみが「いやだ」と思った時点で、相手はやめるべきことですよね。**

だから、まずは「**やめて**」と伝えたほうがいいと思います。

遠回しに言うと、「本当はいやがってないんだろうな」と思われてしまう可能性があるから、**きみの「本当にいやなんだ」という気**

持ちを、はっきりと伝えたほうがよいと思うんです。

「『いやだ』と伝えて、相手が傷ついたらどうしよう」と、考える人もいるかもしれないけれど、すでにきみは傷ついています。つまり、すでに「だれも傷つかない」という状態ではなくなっています。だから、まずは一言、「**やめて**」と伝えること。そして相手がやめてくれたら、それ以降は引きずらないで、これまでどおり仲よくしたり、おしゃべりしたりすればいいと思いますよ。

それでも、やっぱり「やめて」と言いにくいときには、「**それを言われると、落ちこむんだけど**」と、きみの気持ちを伝えてみましょう。その場合には、「いやな気分」「つらい」「うれしくない」と

か、「いやだ」を言い換えたような言葉を使うと、相手に「やめてほしい」という気持ちが伝わりやすくなります。

どうしてもやめてくれなければ先生に相談しよう

もし、ここまできみが伝えながらも、相手がやめてくれない場合には、先生に相談しましょう。

そのときには、「**〇〇さんに、変なあだ名をつけられてしまい、とてもいやです**」と、いやなことだけを先生に伝えてください。相手のことをバカにしたり、必要以上にけなしたりしないようにしてくださいね。

あまりにもきみを傷つけるようなことを言ったり、きみががまんできないと感じたりしたなら、その人とは無理に仲よくする必要もないと思うんだ。「でも、友だちだから」と考える必要もないんじゃないかな。**だって、きみを傷つけるような人は、友だちとはいえませんから。**きみは、きみのことを傷つけず、お互いに思いやりをもてるような人たちと、仲よくしたほうがいいよね。

まずは「**やめて**」と伝えて、やめてくれなかったら先生に相談する。あとは必要以上に気にせずに、「**おはよう**」などのあいさつをするだけの関係にしていけばいいと思います。

それにクラス替えをして、べつのクラスになったら、顔を合わせなくもなりますし、まったく気にならなくなったりもします。

POINT

やめてほしいことは「やめて」とハッキリ言おう

【上手に断る】

「いっしょに公園で遊ぼう」ってせっかくさそってくれたのに、家族との予定があって、どうしよう！

おおぉ——

基本

「ほかの用事があって……」と理由をそえて断る

できる！

「木曜はダメだけど水曜と金曜なら大丈夫」とか、ほかの案を出すといいよ

これだけでもOK

さそわれてうれしい気持ちを伝えよう

理由をそえて断れば相手もわかってくれるよ

さそいを断るときには、必ず理由を言うようにします。

たとえば、「**その日はおじいちゃんおばあちゃんの家に行く予定があるんだ**」みたいな感じですね。すると相手も、「じゃあ仕方ないか」と思ってくれやすくなるんです。

これがただ「行けない」「無理」みたいにバッサリと断っちゃうと、相手もムッとして「せっかくさそったのに！」「あんなこと言わなくても！」なんて思いやすくなるんだ。

この「理由を言うか言わないかで、相手の気持ちが変わる」というのは、じつは実験でもわかっていることなんです。

その実験は、駅にある切符の自動券売機の前に並んでいる人の列に横入りする、というものなんだ。横入りってずるいことだから、並んでいる人は当然いやがります。「なんで横入りするんだよ！」「みんな、ちゃんと並んでるんだぞ！」みたいにね。

でも、横入りをするにしても、「じつは家族の具合が悪くて、急いで帰らなくてはならないんです」などと理由を話すと、並んでいた人たちはおこらなくなります。それどころか、「どうぞ先に買ってください」という雰囲気にもなるんだよね。断るにしても、理由を言うのと言わないのでは、相手の受け取り方にかなり差が出るんです。

理由を言いにくい場合には、「**用事があるんだ**」みたいに、**ぼかして伝えてもいいんじゃないかな。**たとえば、「勉強をしたいから」と言ってしまったら、「勉強なんてあとでいいよ」と言われそうですよね。そういうときは、「**用事がある**」でOKです。勉強だって大事な用事の一つですよね。

代わりの提案をしてみよう

理由を話してきちんと断ったら、まずは「**さそってくれてありがとう！**」と伝えて、できれば「**その日はダメだけど、この日は大丈夫だよ**」と、代わりの提案をしてみてほしいんだ。

「べつの日ならＯＫ」と伝えることで、相手も「自分がいやで、断ったわけじゃないんだな」と、ホッとしてくれると思うんだよね。

そして最後に「**またさそってね**」と伝えることも大切です。この一言があるとないとでは、相手の気持ちがぜんぜんちがいます。

POINT

「またさそってね」という気持ちを伝えよう

【どっちの人を、遊びにさそいたい?】

【上手に謝る】

朝起きたら、友だちと待ち合わせをしていた時間だった!!! 会って、なんて言おう……

基本

「ごめんね。こういう理由があったんだ」と理由をそえて謝ろう

できる!

遅刻しない癖をつけたほうがいいよ

これだけでもOK

気づいたらすぐ謝ろうね

すなおになることがいちばん大事

ぼくは人にとっていちばん大切なことは、すなおなことだと思っています。だから、自分が悪いと思ったら、**すなおに謝ってしまいましょう。**「**ごめんね**」「**すみません**」と謝って、きちんと頭を下げるんです。

謝らないと、相手もずっとイライラしてしまうし、きみ自身も「だらしない人」「迷惑な人」というイメージをもたれて、いいことは一つもありません。

だから、「**ごめんね**」と言うだけで、相手はもちろん、きみ自身も楽になりますよ。

理由をそえて謝ろう

謝るときには、理由をきちんと言うようにしましょう。遅刻したなら、**「バスが遅れてしまって」「寝坊してしまって」**とかね。理由によっては相手も、「じゃあ仕方ないかな」と思えますし、おこられるにしても「今度は気をつけてね」程度で済むことが多いんです。

失敗をしたときには、すなおであることが、もっとも大切なんです。きみに責任があるならば、正直に**「ぜんぶわたしのせいです」**と言えれば、そのときはきつく言われるかもしれないけれど、**「あの人は自分の責任をみとめられる、しっかりした人だ」**と思ってもらえるようにもなりますから。

みなさんは、「すなおさ」や「正直さ」が大切だとした、アメリカの初代大統領であるジョージ・ワシントンの話を知っているかな？

一説に子どものころのワシントンが、木を切るオノを借りてきて、何か切りたくなり、お父さんが大切にしていた桜の木を傷つけてしまったのです。ワシントンは、それをかくさず、おこられることを覚悟のうえで、お父さんに打ち明けました。するとお父さんは、おこることなく、**「よく言ってくれた。お前のすなおさは、1000本の桜以上の値打ちがある」**とほめてくれたという話があるのです。

この話自体は、後世の人がつくった話という説もありますが、すなおで正直であることが、何よりもすばらしいということは、時代を超えて伝わるよね。ごまかすと、あとからバレて大変なことになったりもするし、ごまかすクセがついてしまいます。そうなると、「あいつはうそつきだ」「あの人は信用できない」と思われたりします。

どうしたら同じ失敗をくり返さなくてすみますか

さて、理由を正しく伝えて謝ったとしても、それで終わりというわけではありません。**同じ失敗をくり返さないように、気をつけることが大切**なんです。

遅刻してしまったときには、今後は遅刻しないように、待ち合わせ場所には少し早めに行ってもいいよね。寝坊するくせがあるなら、家族に無理やりにでも起こしてもらうなど、いろいろな工夫をして、失敗を防ぐようにしましょう。

POINT

すなおに謝れる人は信頼もされる

【トラブル解決】

ケンカした。自分は悪くないと思うけど、このまま仲違いはしたくない

基本

「ごめんね」って謝ったほうがいいよ

できる！

「ねえねえねえねえ」って、ケンカがなかったように話しかけちゃう

これだけでもOK

ちっちゃい紙に、「昨日はごめんね」って書いてわたしたら？

「ごめんね」と言ってくる人を悪く言う人はいないよ

ケンカしたときに、「ぼくは悪くない！」「あっちが悪いのに！」と思うことはあるよね。

でも、相手のほうだって「自分は悪くない！」「あっちが悪いのに！」って思っているかもしれないんだ。そういう食いちがいがあるからこそ、ケンカになっていると思うんだよね。

お互いに「あっちが悪い！」と思っていると、いつまでたっても解決しないし、なんとなく気まずい状態が続きます。だったら、早めに解決しちゃったほうがいいよね。

相手から見たらどう？

仲直りしたいけどどうしようかな

ケンカになったことを謝ろう

解決方法として、もっともかんたんで、もっともおすすめなのが、**きみが大して悪くなくても、「この前はごめんね」と謝ってしまうこと**です。

「自分は悪くないのに、どうして謝らないといけないの⁉」と思うかもしれないけれど、これは「自分が悪かった」と謝っているわけではないんだ。「ささいなことなのに、ケンカにまでなっちゃってごめんね」ということなんです。

細かいことまでは言わなくていいので、そういう気持ちで**「この**

間はごめんね」と言えば、相手も許さないことはないでしょう。もしかすると、「こっちこそごめんね」と言ってくれるかもしれないよ。だから、「ごめんね」と言うだけで、仲直りできることが多いのです。

手紙をわたしてもいい

もし、口で「ごめんね」と言いにくかったら、「ごめんね」と紙に書いてわたしてもいいと思いますよ。この場合、紙はだれかにわたしてもらうのではなく、**ちゃんと自分でわたすことが大切です。**

ケンカについては触れないで、べつの話をするという方法も、いいんじゃないかな？

たとえケンカをしていても、お互いに話していると楽しくなる話題があると思うんです。そういった話をもち出すと、ケンカをしているはずなのに、ついつい二人で話しちゃう、みたいなことがあるよね。そんなふうに会話をしているうちに、ケンカのことはどうでもよくなったりもするんだ。

つまり、**ケンカの原因について、あれこれ考えない**ということですね。「どっちが悪いのか」なんて言い出すと、またケンカになっちゃうのでね。

じつはね、人間の気持ちの中でも、「おこっている」という気持ちは、そんなに長続きしないものなのだそうです。

だから、あえてケンカのいかりを横に置いておいて、ほかの話題で仲よくして、ケンカのいかりが消えていくのを待つのも、一つの方法なんです。

POINT

相手も仲直りしたいと思っているよ

【トラブル解決】

誤解された（そんなつもりで言ったんじゃないのに……）

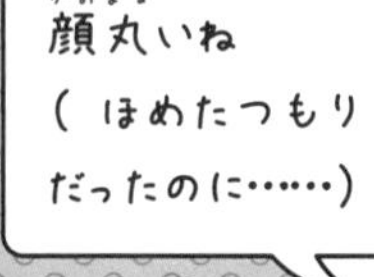

基本

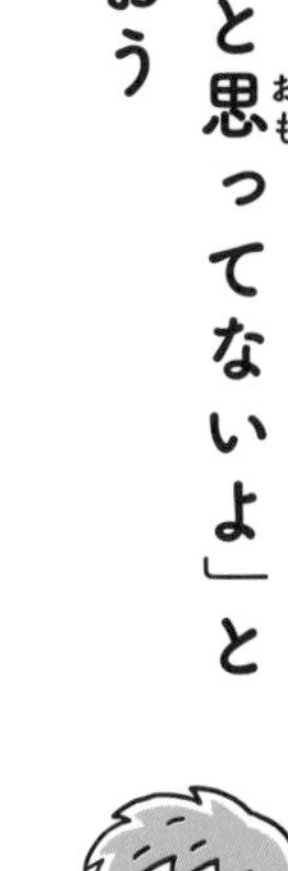

「そんなこと思ってないよ」と早めに言おう

できる！

「そんなふうに聞こえていたらごめんね」と一言そえよう

「ちがう」と思ったらきちんと説明しよう

きみが言ったことを、ぜんぜんちがう意味にとられたり、「きみってこういう人だよね」と、勝手に思いこまれたりする。そういう誤解は、やはり解いたほうがいいと思います。誤解され続けると、「本当はちがうのに」とずっとモヤモヤし続けなくてはいけなくなります。

だから、「みんなが考えていることはちがうよ」ということを、手早く説明してみてください。**「本当は、こういう意味で言った言葉なんだけど、ちがう意味にとられていたみたいなんだ」**とか、**「わたし、本当はそんなことを思っていないよ」**といったようにね。

なんで「誤解」が生まれるの？

たとえ同じものを見ていても、人によって見方はまったくちがいます。たとえば、同じりんごを見ていても、「赤くておいしそう」と思う人もいれば、「すっぱそうだから食べたくない」という人もいる。だから、きみのふとした発言や様子などを、きみが思ってもいないような形でとらえて、誤解する人がいてもおかしくはないんです。

また、言葉に対する感じ方も、人それぞれです。
たとえば、人の服を見て、「それ、派手だね」とだれかが言ったとします。言ったほうは「派手」という言葉を「華やかですてき」という意味で使っていたとしても、「派手」と言われると、けなされたような気分になる人もいるんだ。反対に、「落ち着いていてすてき」という意味で「渋いね」と言っても、「渋い」をあまりいい意味だと思わない人もいて、「なんでそんなこと言うの!?」と誤解されることもあると思います。

相手がいやな気持ちになったら謝ろう

そんな誤解をされたときには、**「そんなふうに聞こえていたなら、ごめんね」「言葉の選び方、まちがえちゃった」**と、相手にサラッと謝るといいと思います。そのうえで、すぐにきみが本当に伝えたかった言葉に言いかえたほうがいいですね。

「派手って言ったのは、華やかだと

思ったからなんだ」「ギラギラしてなくていいなと思ったから、渋いって言っちゃった」なんてね。

謝られると、相手だって「なんだ、そうだったの」と、すなおに受け止めてくれるでしょうし、「言ってくれたおかげで、正しい意味を知ることができた」と感謝してくれるようにもなります。

言葉や態度を誤解されてしまうことは、大人になってからでもけっこうあるんです。ですから、「**すみません、言葉をまちがえました**」「**本当はこういうことなんです**」といった謝り方や伝え方を、知っておくといいね。

POINT

誤解に気づいたら早めに解こう

【なぐさめる】

リレーのアンカーだった
お友だちが転んで最下位に
なっちゃった。
落ちこんでいるみたいだけど、
どんなふうに声を
かけようかな

基本(きほん)

「どうしたの」って聞(き)いてあげよう

できる!

しばらく横(よこ)にすわっていよう

これだけでもOK(オーケー)

落(お)ちついたころに声(こえ)をかけよう

相手の気持ちに寄りそうこと。それが友だちの絆になるよ

「なぐさめてあげたい」という気持ちは、とても大切です。

でも、相手が望んでいないようななぐさめ方はしないようにしたいですよね。落ちこんだり、泣いたりしている人がいたら、こんなことを心がけよう。

①「どうしたの？」と話を聞いてあげる

話を聞きながら、**「それはつらかったね」「大変だったね」**と共感してあげれば、相手も少し楽になりますね。

②放っておいて、落ちついたころに声をかける

放っておくというのは、ちょっと冷たい気もします。でも、落ちこんだり悲しんだりしている人には、「泣き顔を見られたくない」「気持ちの整理がつかないから、人に会いたくない」という気持ちもあると思うんだ。

だから、少し距離を置いて、落ちついたころに「**大丈夫?**」と声をかけてあげるといいと思います。

③何も声をかけずに、しばらく横にすわっていてあげる

泣いていて、話すのがつらそうなときには、まずいっしょにいてあげて、相手が話し出すのを待ったり、タイミングをみて、こちらから話しかけたりしてあげてもいいですよね。

こんなふうに、そばにいてあげることを「寄りそう」といいます。無理に元気を出させたり、はげましたりすることでもなく、ただそばにいてあげます。

一人では不安なことも、友だちがそばにいるだけで、ホッとできる。そんなこと、きみにもないかな？ **落ちこんでいるときは、まさにそういうときなので、ただそばにいてあげるだけでも、十分になぐさめていることになります。**

そして、しばらくして、話しかけてもいい雰囲気になってきてから、「大丈夫？」と話しかけてみてほしいんだ。相手が何か言ってくれれば、それでいいですし、まだ落ちこんでいるような場合は、そのことについては触れないで、「**いっしょに帰ろうよ**」「**図書館に行かない？**」なんて、気分転換にさそうのもいいですね。

三つの方法のうちどれを選べばよいですか？

それを見分けるには、相手の横にすわってみてほしいんだ。なんとなくきみに話したそうにしていたら、**「どうしたの？」**と聞いてあげればいいよね。もし、きみが横にいても、話したくない様子であれば、ただ横にすわって、寄り添ってあげてください。

きみがそばにいることもいやがっているようであれば、**「落ちついたら話してね」**などと声をかけて、一人にしてあげようね。

友だちというと、いつもいっしょで仲よくするのが当たり前と思うかもしれないけれど、**相手の状況によっては、一人にしてあげたほうがいい場合もあります。**相手がしてほしいこと、してほしくないことをしっかり見極めて、なぐさめるようにしようね。

POINT

一人にしておいてほしいときは、一人にしてあげるのも友だちの役目

【教える】

友だちにサッカーのやり方を教えているんだけどさっぱり、わかってもらえない。どうしたらわかってもらえるの？

基本

教えるのは一度に一つだけ

できる!

いちばん重要なことを
最初に教える

これだけでもOK

いっしょにやる

全部いっぺんに伝えない。一つずつ教える

だれかに何かを教えるときには、ぼくはルールをつくっています。それは、**「一度に教えるのは、一つだけ」**ということです。

一度に三つも四つも教えると、どんな人でも「あれ？　何を教えてもらったんだっけ？」とわからなくなってしまいます。教えてもらったことが、頭の中でゴチャゴチャになったりね。だから、一つずつ教えることが大切なんです。

そして教えるときには、**いちばん重要なやり方やルールを、最初に教えるんです。**「まずはこれをできるようになってみよう」と教えて、うまくできるようになったら、ちょっとステップアップしたことを一つ教えて……とくり返すんです。

たとえばサッカーをまったく知らない人に、サッカーを教えるとすると、「足や頭、胸は使っていいけど、手だけは使っちゃダメだよ」みたいな、いちばん基本的で重要なやり方とルールを教えるんだ。それを覚えたら、「この線からボールが出たらダメだからね」といったルールを教えたり、次にはボールをまっすぐける方法を教えたり……と、一つずつステップアップしていきます。

「基本から順番に、一つずつ教える」というのは、覚えやすくするための方法なんだけど、教えられている人の実力がつきやすいという効果もあるんだよね。

積み木を積んでいくときだって、いちばん下の土台の部分をしっかりさせておかないと、きちんと積むことはできませんよね。だから**まずは、土台となる基本を一つ、しっかり教えたあとで、その上に一つ、また一つ……と教えたことを積み上げていくのです。**すると、いつの間にか高く積み上がっているものなのです。

それに、基本的でかんたんなことを一つだけ教えれば、「へー。意外とかんたんだな」と思ってもらえたり、「これができるなんて、ぼくは天才かも！」なんて、ノッてくれたりもしますよ。

忍者も「基本」を大事にしている

みなさんは「忍者」って知っているかな？ 江戸時代にいたとされる忍者たちは、毎日の訓練として、麻という植物の苗木を飛び越えていたという言い伝えがあります。

麻は成長がとても早く、1日に3センチくらいのびるらしいのです。今日3センチだったら、明日は6センチ。1週間後には21センチになっています。その上を毎日飛び越えるということは、毎日3センチずつジャンプ力が鍛えられるということですね。そして、1か月で90センチほど、3か月で3メートルのジャンプが、いつの間にかできるようになっているということなんです。

まさにこの忍者の訓練が、「基本から順番に、一つずつ教える」ということになりますね。

また、**教えるときには、きみもいっしょにやってみるとよいと思います。**言葉で説明するよりも、実際にやってみせたほうが、「ここは足を踏ん張って」「こういうことをするとミスになるよ」など と教えやすいですし、相手もわかりやすいと思いますよ。

POINT

きみもいっしょにやってみよう

【トラブル解決】

お友だちから、別のお友だちの悪口を言われた

基本

「そういうこともあるかもね」と深入りしない

できる!

ちがう話題を振ってみよう

これだけでもOK

時間が解決するのに任せる

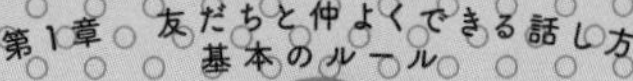

悪口にはのらない

きみのそばで、ほかの人がだれかの悪口を言っているときは、ちょっと注意が必要です。きみがその悪口を言っているわけではなくても、その場にいただけで、悪口に参加していたかのように見られたり、「あの子、悪口を言っていたみたいだよ」と言われてしまったりすることがあるんです。

それに**悪口って、決していいものではないよね。**聞いていてもうんざりしますし、きみが「いい人だな」と思っている人の悪口だったら「そういうことは言ってほしくないな」と感じるでしょう。

だから、どんな悪口であっても、あまり深入りせずに、「**ふーん**」

と軽く流しておくようにしましょう。会話は共感が必要ですが、悪口はまったくべつです。共感はせずに、「**そういうこともあるかもね**」と、ぼんやりとした返事をするようにしてください。

そしてできれば、サッとその場から立ち去り、悪口を引きずらないようにするのがよいと思います。

でも、その子と二人だけだと、立ち去れません

たしかに、だれかと1対1でいるときは、立ち去ることができませんね。そういう場合には、ほかの話題に切り替えてみてください。「**あ、そういえば！　○○のことだけどさー**」なんて言ってね。ちょっとわざとらしいかもしれませんが、無理にでも話題を変えて、悪口を続けさせないのも一つの手です。

なぜここまでして、悪口を続けさせないかというと、**人間関係は、**

変わりやすいものだからです。

ある人の悪口を言っていても、しばらく時間がたてば、その人とまた仲よくなったりもします。だから、どちらかの側について、いっしょに悪口を言ったり、だれかを仲間はずれにしたりすると、あとで自分が困ることになります。

それに、悪口を言っている人も、そのときの気分で言っているだけの可能性が高いです。さらに、悪口を言われている側の話を聞いてみないと、その悪口の内容が本当かどうかもわかりません。

だからこそ、悪口にはのらずに、サラッと受け流したり、べつの話題に切り替えたりしてみてくださいね。

POINT

悪口になりそうなら話題を変えよう

学校で活躍できる話し方

学校でのコミュニケーションの基本の考え方

学校は勉強する場所であり、きみたちが生活する場所でもあるんだよね。だから、「みんなが楽しく過ごせる場所をつくっていこう」っていうのが、学校での基本的な考えです。

だから学校での話し方も、「みんなが気持ちよく過ごすための、話し方ってどんなものだろう?」というのがポイントになるんだ。

学校には、いろんな人がいるよね。なかには、きみとはまったくちがう考え方の人もいる。

でも、きみの考え方だって、ほかの人から見たら「自分とはちがう」と言われることだってあると思うんだ。だからこそ、お互いに「ちがっていても大丈夫」と思える関係を築けるような、コミュニケーションの方法をここで知っておきましょう。

ちがっていても大丈夫！

【仲よくなりたい】

クラス替えのときの自己紹介。自分のこと、覚えてほしいな

基本

「山口です。算数と、サッカーと、ゲームが好きです」

（名前と、好きなことを三つ伝えよう）

できる！

「坂本です。けん玉が好きで、毎日練習をしていて、この間1級になりました。好きなことで極めたいと思っています」

（名前と、自分を伝えるエピソードを言ってみよう）

これだけでもOK

「石川です。犬が好きで2ひきかっています」

（名前と、好きなことを一つ伝えればいいよ）

自分の好きなものについて話そう

クラス替えをしたときや、委員会にクラブ活動と、学校で自己紹介をする場面は多いよね。

そういうときに、「○年△組の××です」と言うだけでは、人に覚えてもらいにくかったりします。とくにクラスでの自己紹介だと、「○年△組」を言う必要がないから、名前だけしか言うことがない、という人もいるかもしれないね。

だから自己紹介では、**きみの好きなものを付け加えて言ってみてほしいんです。**「○○っていうアニメが好きです」でもいいし、**「今、Jリーグの○○というチームを応援してます」**でもいいね。

それを言うだけで、まわりの人に、きみの印象が残りやすくなります。なぜなら、きみの好きなものを同じように好きだったり、似たようなものを好きだったりする人が、まわりには必ずいるはずだからね。

好きなものが同じだったり、似ていたりすると、「この人と友だちになりたい」と思ってもらえることが多いのです。きみにも、同じアニメやアイドルが好きな子には、「わたしと趣味が合うかも！」なんて思った経験があるんじゃないかな？

それに、自分がどんな人であるかを説明するのはむずかしいけれど、「自分はこれが好き」と言うのはか

んたんだよね。

これはぼくの経験なんですが、人の好きなものって、意外と覚えているものなんです。何年かたったあとも、「あの人、これが好きだったよね」なんて思い出したりするんだよね。

エピソードを話そう

もし話せるならば、**「自分はこういう人です」ということを表現できるエピソードを話してもいいと思います。**

たとえば、「ぼくは努力家です」と言われても、あまりイメージがわきません。でも、「ぼくはなわとびが苦手だったけど、毎朝20分練習していて、最近は連続で50回とべるようになりました」というように、努力家であることが伝わるエピソードを話すと、みんなは「がんばり屋さんなんだな」と理解してくれるようになります。

ちなみに、こういうエピソードは、話すときに自慢にならないようにするといいと思います。みんながニコニコと聞いてくれそうな話を、あらかじめ用意しておくといいですよ。

そして、**もしきみがみんなにお願いしたいことがあったら、ぜひ自己紹介で伝えておきましょう。**

たとえば、「ぼくは左の耳が聞こえにくいので、右耳のほうから話しかけてもらえると助かります」などと伝えておくと、みんなも気をつけてくれるし、きみも楽しく毎日を過ごせるようになると思いますよ。

POINT

自己紹介を友だちと話すきっかけにしよう

【学校で困った!】

先生に教えてもらったとおりに折り紙を折っていたはずなのに、自分だけ、ちがうかたちになっちゃった。だれか助けて!

つるを折ってたはずなのに!?

基本

「手伝って」って言おう

できる！

「ここまではわかったんだけど、この後わからなくなって。だれか教えて」って聞いてみて

これだけでもOK

「がんばってやってみたんだけど、みんながやっているのと、ぜんぜんちがうものになっちゃった……」と、となりの子に言うわ

助けてもらいやすい言い方があるよ

人を助けることって、けっこう大変なんだよね。学校でも、だいたいの人は自分のことで精いっぱいで、人のことにまで気を配れる人がいないときもあるかもしれません。

だから、きみが困っているときに、だれかが助けてくれるのを待っていても、助けてはもらえないこともあると思います。そんなときは、**自分から「助けて」「手伝って」と言うしかないんですね。**

ぼくも小学生のときに、折り紙をみんなでやっていて、とちゅうで折り方がわからなくなったことがありました。みんなはもうすでに進んでしまって、遅れている自分はパニック状態です。

そうなると、「できないので教えてください」と、なぜか言えなくなるんだよね。自分だけができていない恥ずかしさもあるし、みんなの作業のじゃまをしたくないって気持ちもあるし……。

でも、そういうときにすなおに「**わからないので手伝って**」と言えると、すでにつくり終えた人が「じゃあ、わたしが手伝うよ」「やり方、教えようか？」と声をかけてくれるかもしれません。そして、わからないことがわかるようになるだけでなく、「折り紙って楽しいな」と思えて、好きなことが増えたりすると思うんです。

状況を話して助けを求めよう

「助けて」「手伝って」とお願いするときには、**できればその困っている状況を伝える**といいですよ。

「この部分をまちがえちゃったみたいで、手伝って」「ここまではできたんだけど、それから先がわからないから、教えてくれな

い？」というふうに、「今どんな状況だから助けてほしいのか」「どんな部分を教えてほしいのか」を伝えてみてください。そうすると相手も、「だったらこうすればいいよ」と教えやすくなります。

どこをどう手伝ってほしいのかを伝えにくい場合や、何がなんだかわからなくなっているときには、**「一生懸命やってみたんだけど、みんなとはちがう感じになっちゃって。みんなはどうやっているのか、教えてくれない？」**とすなおに伝えてみることが大切です。

要は、手伝ってもらいたいときは、相手が「手伝いやすい」伝え方をすること。手伝ってもらうにも、コツがあるんですね。

そして、これがいちばん大事。**手伝ってもらったら、相手には必ず「ありがとう」を言いましょうね。**

POINT

「今こんなことになっているから助けて」と状況を言えるとベスト！

【どっちの人の話がわかりやすい？】

【学校で困った】

いっしょに遊んでいた友だちがけがをした。状況を説明したいけどうまく説明できない！

基本

「友だちがケガしちゃったから、先生呼んでください」と大事なことから話そう

できる!

「状況」を説明したあとに「理由」を話そう

これだけでもOK

「ポイントは三つあります」と大事なことにしぼって話そう

説明の基本を知っておこう

①大事なことから言う

友だちがケガをしているのであれば、**「保健室に連れていきます！」「先生を呼んで！」**のように、すぐにしたいこと・してほしいことを短い言葉で伝えよう。とにかく**「細かいことは後回しで、スピード第一」**です。

それなのに、「なんでこうなったかというと、もともと○○ちゃんと××ちゃんは仲よくなくて、だからケンカになっちゃって……」と細かいことばかり話していると、話が伝わらないばかりか、事故やケガの対処が遅れ、大変なことになる可能性があります。

だから、まずは「大事なこと」だけをかいつまんで、短い言葉で伝える必要があるんです。

こういうときは、「これはぜったいに言わなくちゃダメ」と思えることを選ぶ力が必要になります。その力は、こういった事故のときだけでなく、みんなが大きくなったときに、人前でスピーチをするときや、高校や大学に行くための面接でも必要になります。

だから、今のうちに、目の前で起こったことについて**「ここでいちばん伝えなくてはいけないことってなんだろう?」**と考えるクセをつけておくといいよ。

②まず今の状況を説明、それから「なぜ」を話す

ケガの手当てや、先生への連絡など、ある程度の対処ができたあとで、なぜケガをしたのかといった説明をすることになります。

そのときに、事故やケガのことからあまりにも離れた話から始めてしまうと、原因の説明までに時間がかかるし、ケガが起こった原因が伝わらなくなることがあるんだ。

だから、**「ケガをしたのはこういう理由で、それが起こったのは、こういう理由があって……」と、今の状況から時間をさかのぼるように話します。**動画の逆再生みたいな感じと言えばわかるかな？

「ポイントは三つ」という話し方もある

あとは、最初に**「ポイントは三つあります」**と、あらかじめ伝えるべき大切なことを三つだけ決めて伝えるのもいいと思います。言うことを決めていないと、話がいつまでも終わらずに、ダラダラと続いてしまうし、何を言いたいのかが最後まで聞かないとわからなくなってしまうからね。

こういったわかりやすい説明のしかたは、いきなり身につくものではないから、ぜひ意識して話してみてくださいね。

POINT

説明のしかたにあわせて落ち着いて話そう

［状況］

友だちがケガして血が出ています

［理由］

おにごっこしていてすべって階段から落ちました

これならわかるね

【学校で困った】

先生から移動教室の注意事項を聞いたんだけど、ぜんぜん覚えてない……。こうならないために、どうしたらいい??

基本

メモをしよう

できる！

忘れ物をしないように、最後に指さし確認

これだけでもOK

先生の言ったことを小さくつぶやく

先生の話のキーワードをメモしよう

説明を聞くときには、おしゃべりをしないで、しっかり耳を傾けることがいちばん大切です。

先生はとても重要なことを話していることが多いし、せっかく先生が話していることを、てきとうに聞くのは失礼だよね。

そして、**話を聞いているときには、ぜひメモをとってください。**

話していることをすべて書く必要はないので、「ここは大切だな」というところだけは、必ずメモをとるようにしてほしいな。

「話のどこが大切なのか、わからない」と思ったら、おすすめなのは、カギになる大事な単語（キーワード）を、パッとメモすることです。

たとえば、学校で避難訓練があるとします。注意事項を先生が話していたら、「おさない」「しゃべらない」というような、「〇〇ない」という言葉が出てくると思うんです。

「〇〇ない」というのは、「しちゃいけない」ってことだよね？　しかも「ない」という言葉は強い言葉でもあるから、先生も強く言ったりするはずです。そういうふうに耳で聞いて「これは強いな」と感じたものを、サッとメモするんです。

メモをとると記憶に残りやすくなる

じつはメモをすることで、記憶に残りやすくなる効果もあります。

ぼくは、中学生のときにテニスをしていたんだけど、「ラケットを早めに引く」とか、練習で気をつけたいことを紙に書いて、セロハンテープでラケットに貼っていたんだ。

そうすると、練習するときに必ず目に入るから、「気をつけなきゃ」と思えるし、忘れないんです。

また、文字にするだけでなく、**小さな声で何度かくり返しつぶやいてみるのもおすすめです。**「○○を忘れない」と、何回かくり返してつぶやくと、頭にしみこんでいくんですよね。不思議だよね。きっと、自分に言い聞かせているような感じになるのかもしれないね。

聞いたことを確実に実行するためには、最初に書いたメモを見ながら、指さし確認をするといいと思います。「○○**はできたかな？**……**OK！**」みたいにね。

ぼくは小さいころ、忘れ物をすることがけっこうあったので、ぜったいに学校にもっていかなくてはならないものは、前の日の夜に指さし確認をしていたんです。

「鍵盤ハーモニカ、持ったかな？　OK！　じゃあ、コンパスは？……OK！」みたいにね。そんなことを毎日やっていたら、忘れ物がなくなったんです。

さて、ここまで説明した方法は、じつはどれも「体」を使う方法だということに、気づいたかな？

メモであれば、手を使いますよね。何度もつぶやくときは、口と耳。指さし確認は指……。

人間って、「覚えておこう」と思うと、ついつい頭だけを使おうとするけれど、頭だけが単独で動くことは意外と少なくて、必ず体の動きとつながっているものなんです。だから覚えたいものがあったら体のどこかの動きといっしょに覚えると、覚えやすくなります。

POINT

体を使って覚えると記憶しやすくなる

●小さい声でつぶやこう

●持ち物を指さし確認

手でメモして
口でつぶやいて、耳でそれを聞いて、
指さし確認
体の動きと一緒に覚えよう！

【大事なことを忘れないために】

●大事そうな単語をメモしよう

時間、場所、やっちゃだめなこと、やらなきゃいけないことなどをメモ

8時校門の前に集合

持ち物
すいとう　しきもの
ひっきようぐ

（ダメなこと）
ゲームをもっていっちゃダメ
（やらなきゃいけないこと）
必ずぼうしをかぶること

●目に入るところに貼るのもよい

帽子を忘れない！

【学校で困った】

班で分担して発表の準備をしていたのに一人しめ切りを守らない子がいる

基本

「明日がしめ切りだけど大丈夫？」と何日か前に伝えるよ

できる！

事前にみんなでやればいっしょに完成できるよ

これだけでもOK

「わたしこんなふうにやっているけど、どう？」と進捗をさりげなく聞くかしら

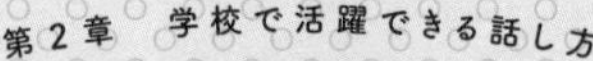

「なんで提出しないの?」と言う前にできることがあるよ

しめ切りを守れないときは、いろんな理由があると思います。期限がいつか知らなかったとか、それをやるということをそもそも知らなかったとか。あとは、どうやればいいかわからなくて困っているとかね。期限はわかっているのに、めんどうくさくてやっていないということもあるでしょうね。

こんなふうに、いろんな理由があるので、**いきなり「何してるの? 早く出してよ!」とおこりながら言ってしまうと、相手の感覚とズレてしまうことがあるんです。**「え? 何のこと?」「あと少しで出そうと思ってたのに!」なんて言われてしまうこともあるんじゃないかな？
だからまずは、相手がどんな理由でしめ切りを守らないのかを確認してみてください。

でも、当日になって、「今日がしめ切りなんて知らなかった」という人がいると、おどろいちゃうよね。なかには「もうちょっと早く言ってよ」と言ってくる人もいるかもしれません。
「そっちこそ覚えておいてよ」と思ってしまうけれど、少し前から言ってあげるのが親切というものなんだよね。そして、そういう小さな親切こそが、人間関係では大切なのだと思います。

たとえば、間に合わなそうな人がいたら、**「明日がしめ切りだけど大丈夫？」**と事前に伝えてみてください。

みんなでやればしめ切りは守れる

しめ切りもわかっていて、やらなくちゃいけないこともわかっているけれど、うまく手がつけられない人もいると思うんだ。

そういう人には、**「わたしはこういうやり方をしたよ」**と、やり方を教えるような形で伝えてみてください。そのときに「ちょっとむずかしいんだよね」「よくわからなくって……」と、一人でやりとげるのがむずかしそうな様子だったら、**「だったらいっしょにやろう」**と、さそってあげてください。そうすれば、しめ切りにも間に合うはずです。

ぼくが小学生のときに、グループで発表をすることになったことがあります。みんながそれぞれに分担された作業をしていたら、一人だけうまくできない子がいました。そういう子に、「家でやってきて」と言っても、たぶん一人ではできないだろうな……と思ったんですよね。

それで、その子の家に何人かで行って、みんなでいっしょにその子の担当していることに取り組んだのです。

そのときに気づいたのは、自分一人だとやる気にならなくても、「だれかがいっしょにやるとやる気が出てきて、うまくいく」という効果があるということだったんだ。

「じゃあいっしょにやろう」とさそってあげると、きっかけをつくれて、しめ切りも守ってくれますよ。

POINT

ちょっとした声がけで困っている友だちを助けよう

【学校で困った】

チームのリーダーになっちゃった！あんまり自信がないんだよね

基本

リーダーは連絡係なので気負わずやろう

できる!

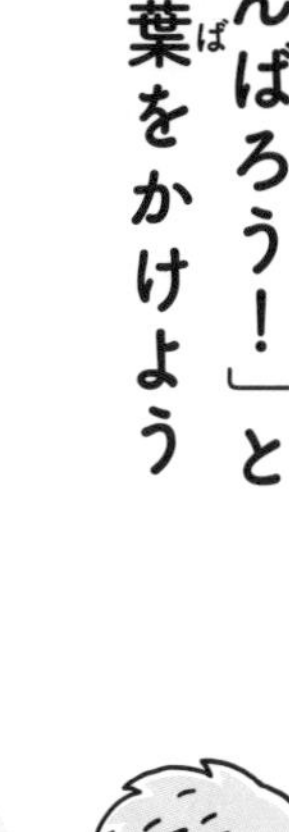

「みんながんばろう!」と前向きな言葉をかけよう

これだけでもOK

自信をもって話そう。能力が高い人がリーダーとは限らないよ

リーダーの仕事で大事なことは連絡係

リーダーといわれたら、「みんな、ついてきて！」みたいな役割だと思ってはいないかな？　たしかにそういう「みんなを引っぱっていく」というイメージがリーダーにはありますが、あくまでリーダーの役割の一つの面でしかありません。

リーダーの役割は「連絡係」

リーダーの一番大切な役割は、先生の指示などの大切なことを伝える「**連絡係**」であることだと、ぼくは思っています。

サッカーやバスケットボールのような団体スポーツでは、試合中に、監督が自分の言いたいことを伝えるために、リーダーを「ちょっと来て」と呼ぶことがあります。そして監督はメンバーに伝えてほしいことをリーダーに伝えて、リーダーは監督の代わりにメンバーに伝える。そういうことが、団体スポーツではよくあります。

そのため、団体スポーツでは、話を伝える力がある人がリーダーになることが多いんです。だからリーダーは、競技の実力がずば抜けていなくてもいいんだよね。高校野球のキャプテンが、レギュラーではないこともけっこうあります。

つまり、リーダーになったとしても、**「監督の言いたいことを伝えるようにしよう」**とか、**「声だけは大きく出そう」**とか、そのくらいのことができればOKなのです。

また、**みんなを前向きな気持ちにする言葉をかけるのも、リーダーとしては大切**です。みんながしんどそうなときに、ちょっと笑えるようなことを言ったりね。

そんなリーダーのお手本になるのが、2012年のロンドンオリンピックで銀メダルをとった、女子サッカー日本代表のキャプテン・澤穂希さんです。

澤さんはいつも選手たちに、「苦しくなったらわたしの背中を見なさい」と言っていたそうです。試合の後半に、疲れてきたところで、「わたしはいつも必死に戦っているから、いっしょにがんばろう」と言われたら、カッコいいですよね。これこそが本当のリーダーシップだと、ぼくは思います。

なお、**リーダーになる経験は、何回かしておいたほうがいいです。**これからきみたちが大学に入ったり、就職したりするときには、人を引っぱっていけたり、場を明るくしてくれたりする人は、とても人気があります。かっこいい大人になるためにに慣れておくといいでしょう。

POINT

気負わず、やってみよう！

【リーダーの仕事】

①連絡係

②大きな声で話す

③前向きな言葉をかける
「みんなで頑張ろう」

【意見・感想を伝える】

意見って何を言っていいかそもそもわからない

基本

ちょっとでもいいところを見つけて伝えてみて

できる!

自分の「ベスト1、2、3」を話そう

これだけでもOK

正解はない。自分の気持ちが動いたことを伝えればいいのだ

意見・感想を言うことは、「考えること」「感じること」

意見や感想を言うということは、「考えること」「感じること」だと、ぼくは思います。ボーッとしていたり、相手の話を聞き流したりしていては、意見なんて生まれませんからね。

それに、意見を求められているということは、相手から「あなたの話を聞かせて」と期待されているということだよね？　なのに、「意見はないです」なんて答えたら、相手はがっかりします。

だからこそ、**何かをしたときには、必ず「考える」「感じる」ってことを、意識してやってほしいんだ。**

たとえば、友だちがつくったクッキーを食べたときに、「どうだった？」「感想、教えて」と言われたら、「べつに」とか「何もない」なんて言えないよね。だから、食べている間に「考える」「感じる」をするんです。

「考える」がむずかしいなら、「感じる」だけでもOKです。歯ごたえを感じたら、「サクサクしてるね」と言えばいいし、「チョコチップがおいしい」とかでもいいよね。

だから、意見や感想というものには、正解はないんです。自分が「考える」「感じる」をして、心が少しでも動いたものをつかまえて、それを言葉にするの

が意見です。人の考えや感じ方に正解がないのと同じように、正解はないんです。

相手のいいところを探して伝えよう

このように、「考える」「感じる」ことでわかったことを、相手の気持ちを考えたうえで伝えることこそが、コミュニケーションなんですね。だから、「考える」「感じる」の中で、相手がよろこんでくれそうなことを選んで言ってみてください。

たとえば、どんなにほめる部分がなさそうに見えても、なんとかいいところを見つけて伝えるようにしてほしいんだ。

さっきのクッキーの話に戻るけど、もしクッキーがあまりおいしくなかったとしても、いいところを探して、「**見た目がかわいいね**」とか、「**バターのいい香り!**」なんてほめてみてほしいんだ。

もう亡くなった方なのですが、映画評論家の淀川長治さんは、**「ほめるところは、必ずある」**と考えて、映画を見ていたそうです。「あのセリフの言い方がよかった」「始まり方がよかった」。だからどうしてもほめるところがなかったときには、「映画の中に出てきたトイレがきれいだった」とか、そういうところまで見ていたかもしれないよ。

自分の「ベスト3」を話そう

「いい意見を言おう」と思うと、かえって意見が出なくなったりすると思うんです。だから、「自分的によかったところベスト3」を、心の中で勝手に決めるクセをつければ、気楽に言えるようになりますよ。たとえば、「遠足で楽しかった場面ベスト3」なんていう感じでね。

じつはこれ、作文を書くときにも使えるテクニックなんです。作文のテーマについて、「自分的ベスト3」を考えて、順番に挙げていくと、とても書きやすくなるはずですよ。

POINT

心が動いたら言葉にしよう

【自分的ベスト3】

①山のちょうじょうからの景色がきれいだった

②つり橋がこわかった

③おべんとうがおいしかった

【意見を伝える】

自分が話してもみんなピンときてないみたい！

①

「これについて話をします」って一番最初に言ってみようよ

②

具体的に話そう

③

大切なことははじめのほうで話してみて

話すことを整理してみよう！

話しているのに、みんなの反応が薄くて、なんだか伝わっていないみたいだな……と、不安になってくることってあるよね。

相手から反応がないっていうのは、相手が話を理解してくれていないことがほとんどです。つまり、話がつまらないのではなく、**「何を言っているのかわからない」ということが多いんだ。**

たとえば、**話がゴチャゴチャしていたり、話がいろんなところに飛んでいったり……。**

つまり、話がまとまっていないと、どんなに内容がおもしろくても、だれも聞いてくれないですし、頭にまったく残らないのです。

では、どうすればわかりやすく、聞く人に伝わりやすい話になるかというと、次の三つのポイントを守ってほしいんだ。

①まず「何について話すのか」を、一言で伝えるようにしよう

「わたしの好きな本について発表します」とか、**「ぼくが山登りに行ったときの体験談です」**とか、そういう感じですね。

そうすると聞いている人は、「本の話だな」「へー、山登りに行ったんだ」と、頭の中のモードを「本」とか「山登り」に切り替えてくれます。そうすると、そのあとの話を聞いてくれるようになるんです。

②大切なことは、最初に話す

人間の集中力って、そんなに続きません。だから、みんなの集中力が高い最初の部分で、なるべく大切な話をするようにして、聞いている人の頭に残るようにしてほしいんです。

小説などの物語では、だんだんともりあげていって、最後のほうに話のピークをもってくることがあります。しかし、発表やスピーチは物語ではありませんので、大切なことは最初に話したほうが、その後の話もおもしろくなり、聞いている人も聞きやすくなります。

③具体的に話す

具体的というのは、エピソードなどを交えて話すということ。たとえば、「ぼくは怖い思いをしました」と言っても、「どれだけの怖さなのか」「どんなふうに怖かったのか」がまったくわからないよね。これでは聞いているほうも、話がまったく頭に入ってこなくなっちゃうんだ。

そこで、「ぼくは怖い思いをしました。**それはまるで、ライオン10ぴきに囲まれて、追いこまれたような怖さでした。**先週の金曜日に公園に行ったら……」と話すと、「それはかなり怖いね！」と理解してくれるようになりますよね。

「話が伝わらない」と思ったときは、一度整理してみよう

【話を整理する】

①「何について話すのか」を一言で

「今日は私の好きな本について発表します」

②大切なことを最初に話す

「ドキドキして楽しい冒険の本です」

③具体的に話す

「ライオンやワニがいる島に竜の子どもを助けに行く話です」

【意見を伝える】

みんなの意見とちがう意見は聞いてくれないの？

基本

堂々と主張してみたら？

できる！

多数決にしたら採用されなくても従おう

これだけでもOK

「一人ひとり意見を聞いてみよう」と提案する

みんなとちがっていても堂々と話そう！

人間は、どうしても賛成する人が多い意見に流されてしまいやすいんだよね。

たとえば、たくさん人が並んでいるラーメン屋さんと、ぜんぜん人が並んでいないラーメン屋さんだと、どっちのラーメンがおいしいと思う？　おそらくほとんどの人は、たくさん人が並んでいるラーメン屋さんのほうがおいしいって考えると思うんだ。

これって、「たくさん人が並んでいる＝みんながいいと思っている」と考えて、「みんながいいと思っているなら、実際にいいものにちがいない」と思ってしまうからなんだよね。

でも、行列ができているラーメン屋さんが、本当においしいかといったら、それはわからない。実際においしかったとしても、人によっては口に合わないことだってある。だから、**みんなが「いい」「正しい」と言っていることは、100%「いい」「正しい」ってわけじゃないってことを、まずは知っておいてほしいんだ。**

そして、きみの意見がみんなと食いちがっていて、ぜんぜん聞き入れてくれないときは、それでもくり返し「**わたしの意見はこうです！**」と堂々と主張してほしいな。

「むだじゃない？」と思うかもしれないけど、少しもむだじゃないよ。もしかすると、言えないだけで、きみと同じ意見の人がいる可能性もあるから、きみが主張することで「じつはわたしも……」と

言い出す人がいると思うんだ。

本当はみんなちがう意見をもっている

それにね、「みんなが同じ意見」に思えても、じつは一人ひとりの考えはちがう、ということがあるんだよ。

たとえば、「クラス全員で仲よくしたほうがいい」という意見が多くても、その理由としては「仲よくすれば、勉強がはかどる」と思っている人もいれば、「自分がいじめられたくないから、仲よくしていたい」と思っている人もいる。なんなら、「みんなの意見に従っていればラクだな」と思っている人もいるかもしれない。

つまり、**どんなに同じ意見だとしても、細かい部分は人によってちがっていたりする**ものなんだ。

だから、「**それぞれで意見を言ってみない？**」と提案してみるのもいいかもしれないね。みんなの意見をくわしく聞いたら、きみと似たような意見をもっている人が出てくるかもしれないよ。

最後に、意見を一つだけ選ぶ場合には、最終的には多数決をとることが多いと思う。それでも**もし、きみ以外の意見に決まってしまった場合には、それ以上主張はせずに、その決定に従うようにしよう。**

「だったら、主張する意味ない」と思うかもしれないけれど、じつはそうじゃないんだ。

もし、多数決で決定したことがうまくいかなかった場合には、きみの意見が通ることもあるかもしれないよ。

POINT

一人ひとりの意見を大事にしよう

【意見を伝える】

自分が意見なんて言っても、たいしたことない気がするし……

基本

思ったことを言えばいいよ

できる!

人の話を聞きながら自分が感じたことをメモしてみよう

これだけでもOK

だれかの意見にのってみてもいいよ

ディスカッションや話し合いで立派な意見を言う必要はありません

ディスカッションや話し合いでは、意見を言うのが大切です。とはいえ、「意見が思いつかない！」なんてことも、けっこうありますよね。

そのとき思ったことを言おう

どうしても意見が浮かばないときには、まずは思ったことをそのまま言うようにしてみてください。「**その意見に賛成します**」でもいいし、「**ちょっとわからないけど、〇〇だといいなと思います**」

とかね。

「意見が浮かばない」と思っているときって、じつはちょっとした意見は浮かんでいるんだけど、「こんな意見だとみんなに笑われるかな」と思って、言い出せないこともあると思います。「ほかの人とちがうことを言わなくちゃ」というプレッシャーを感じていたりね。

でも、ディスカッションでは立派な意見を言う必要はないんです。ほかの人と同じ意見でもいいんです。**意見には正解も不正解もないですし、ちょっとした意見が、みんなのひらめきを生み出すきっかけにもなったりします。**とにかくそのときに思ったことを言ってみるのが基本になります。

ほかの人の話をメモしておくと話しやすくなる

言うべき意見が見つからないのは、ディスカッションのテーマになっていることや、ほかの人の意見をきちんとかみ砕いて理解できていないということでもあると思うんです。ですから、ディスカッションのときには、ほかの人の意見を聞いて、それに対する疑問をメモしてみるといいでしょう。

たとえば、**「〇〇くんは、『□□という歌は高い音が多くて歌える人がいないから、合唱コンクールで歌うのは反対』と言っていたけれど、本当に高い声が出る人っていないのかな？」**みたいにね。

ほかの人の意見を聞いたら、

「それって本当かな？」

「それってそもそもどういう意味？」

「反対の立場から考えるとどうかな？」

といった疑問をもつようにしてみてください。それをメモしておけば、そのまま意見になるんですよね。

「本当にそうかな？」と思うことが「考える」もとになる

このように**疑問を持つことは、じつはすべての「考える」もとになります。**疑問を解き明かすには、理由や原因を考えないといけないですよね。だから、きみが意見として「疑問」を投げかければ、ディスカッションに参加していた人たちも、「そういえば、それってどうしてなんだろう？」と考えるきっかけにもなるはずです。

もし、それでも意見が浮かばないときは、発言している人たちの中で、「これはいいな」と思えるような意見にのっかってもいいと思います。「〇〇くんの意見は、すごくいいと思いました」と発言して、そのうえで**「なぜなら……」**と、**なぜいいと思ったのかを説明するだけでも、意見として成り立ちます。**

ですから、まずはまわりの人の意見をしっかり聞いて、自分が言いたいことを見つけてみるのがいいと思いますよ。

POINT

いい意見について「なぜいいと思ったのか」を言うだけでも立派な意見になる

【疑問を持つことが「考える」もとになる】

本当にそうかな？

それってどういう意味？

反対の立場から考えるとどうだろう？

意見を言ったら「理由は」「なぜかというと」と言って理由を伝えよう

●大事なことを最初に

●自分で思ったことを言おう

●ちょっとでもいいところを見つけよう

【意見や感想の言い方】

●意見を否定しない

●自分の意見をつくるために「本当に？」と考える

●ほかの人の意見にのってもいい

【話し合いで困った】

自分がまとめ役なんだけど、だれも意見を出してくれない

基本

まだ発言していない人に「どうですか？」と聞いてみる！

できる！

みんなで紙に書いてみよう

これだけでもOK

左から順番に時計回りに発言してもらうといいよ

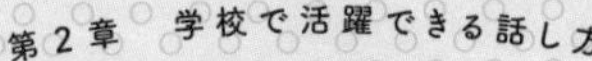

「どっちがいい？」と聞いてみましょう

みんなで何かを話し合おうとするときに、まとめ役になったとして、だれからも意見が出てこないと困るよね。

そんなときには、まだ発言していない人に**「○○さんはどうですか？」**と聞いてみます。

本当に何の意見もない人や、話すのが恥ずかしかったり、「めんどうくさいな」と思ったりしている人もいると思います。そういう人には**「○○さんは、どの意見がいいと思いますか？　Aですか？　それともBでしょうか？」「賛成ですか？　反対ですか？」**と選べるようにしてみてください。

手っ取り早いのは**「左から順番に発言してください」**と言って、全員に順番で話してもらうようにすること。これはぼくもよく使う方法です。**「まずは時計回りで順番に話してください」「次は反時計回りでどうぞ」**などと言って、全員に発言してもらいましょう。

話すのは苦手だけど、書くのなら得意という人もいます。1枚の大きな紙を用意して、それぞれの意見を書くのもいいと思います。黒板に書いてもいいですね。大きめのふせんに一人ひとりの意見を書いてもらって、黒板にはり出したり、名前を書かずに投票するような形で意見を出してもらう方法もあります。

みんなが参加しやすいような声がけや方法を考えてみてください。

POINT

質問をしたり、書いて発言してもらうのもありです

【話し合いで困った】

反対意見があるのだけど、後から「なんで否定するの！」と言われそうで言いにくい……

おこられそう……

基本

「こういうことも考えられるよね」と提案の形で話してみよう

できる!

「それもあるけど、これもあるよね」と選択肢の一つとして出してみて

これだけでもOK

相手の話を否定しない言い方でね

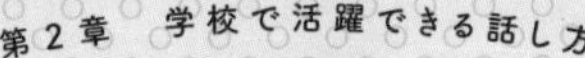

相手の意見を否定せず提案のつもりで話してみよう

反対意見を言うときに、もっとも注意しなくてはいけないのは、相手もしくは相手の話を全面的に否定しないということなんだ。「それはぜんぜんちがうよ！」「そんなこと言うなんて、おかしいんじゃない？」などと言ってしまったら、相手はとても傷つくし、相手がおこって言い返してくるかもしれないですよね。

だから、否定をするというよりは、相手の話について「**こういうふうに考えてみたら？**」と、提案する形で話してみるといいんじゃないかな？

意見を直接的にぶつけ合って、いい考えにたどり着けることもあるので、それはそれで問題はないと思います。でも、「**それもいいんですけれども、こういうのもありだと思います**」という言い方でも、ちゃんと意見は伝わりますよね。

選択肢の一つとして話す

自分の意見を、みんなが決めることの選択肢の一つとして話すのもいいですね。「**○○ちゃんの意見、いいと思う。あと、わたしの意見の××はどうかな？**」という感じで伝えます。これは「**あなたの意見も、わたしの意見も、どれも選択肢の一つだよ」と伝えているんです。**これだと、相手もいやな気持ちにならないし、きみはもちろん、ほかの人も意見を言いやすい雰囲気になると思うんだ。

調べて話してみよう

高学年になったら、少し高度なやり方として、挑戦してみてほしいのは、事前にデータを調べておくこと。**事前にいろんなことを調べておかないと、意見は出せないし、ただの言い争いになってしまうことがあります。**

たとえば、「環境に配慮するには、すべての自動車を電気自動車にすべきかどうか」というテーマを話し合うのであれば、「現在、自動車が環境にどんな影響を与えているか」「電気自動車はどのくらい環境にやさしいのか」「電気自動車のデメリットはあるか」といったことを調べて整理しておく必要があります。

調べると「わたしは電気自動車に変えるべきだと思う」「ぼくはハイブリッド車がいいと思う」といったような、自分がいいと思う意見が出てくると思うんです。

そしてディスカッションのときには、自分の意見に合わせて、調べたデータをみんなに見せながら話しましょう。そうすると、ただの言い合いにはならず、とてもいい勉強の場になります。

POINT

否定しない言い方を考えよう

【否定しない言い方を覚えよう】

×

その意見は
ちがうんじゃない

なんで！

○

ゆいちゃんの
意見もいいけど
こういうのもあるね

そうね

【話し合いで困った】

反対意見が出されると、「なんで！」ってあせっちゃう

基本

相手に理由を聞こう

できる!

二つの意見の中間地点を見つけよう

これだけでもOK

「ここは同じだけどここはちがいますね」と整理してみよう

反対意見が出されたとしても、あなた自身が否定されているわけではないよ

まず知っておいてほしいのは、反対意見というのは、きみという人間自体を批判しているのではないということ。**あくまで「きみの意見」に対して、反対しているということです。**

これを「わたしのことを否定している！」と思ってしまうと、言いたいことも言えなくなってしまうし、相手のことも「なんかいやな人だな」と思いやすくなるから、注意してください。

さて、反対意見が出されたら、相手の人に**「その反対意見の理由を教えてください」**と伝えてみてほしいのです。「なんで反対するの！」なんて乱暴な言葉ではなく、「理由を教えて」とていねいに聞いてみましょう。

もしかすると、「いや、単に反対したいと思っただけで」と、反射的に反対しているだけかもしれない。また、相手の理由を聞くことで、きみ自身が「なるほど。そういう見方もあるのか」と納得できるかもしれません。

二人の意見の中間地点を見つけよう

きみからも、自分の意見についての理由を話せば、お互いの考えとその根拠が明らかになります。すると、**二人の意見の中間地点が見えてきて、そこがいちばんお互いに納得できる場所だったりすることも多いんです。**

だから、**意見を出し合ったうえで、本当に正しいことや、いちばんいいと思える考えを、みんなで導き出すことが大切なんだと思います。**

もし、ここで説明したようにうまく言えない場合には、きみの意見と反対意見をよくくらべてみよう。すると、似ている部分とちがっている部分が、はっきりと見えてきませんか？　そこで「〇〇はわたしの意見と同じですが、××はちがいますね」と話せば、ちがう部分だけにしぼって話し合いができるようになります。

このように、それぞれの考え方を整理することで、反対意見がじつはきみの意見とほぼ同じ内容だったり、反対意見というよりは、補足するだけの意見だったりすることがわかったりするんです。

だから、たとえ反対意見が出てきたとしても、落ちこんだり「いやだな」と思ったりせず、お互いの話がどのようなものかを理解するようにしましょうね。

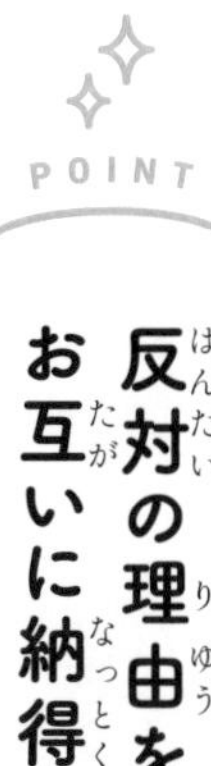
POINT
反対の理由を聞くことで、お互いに納得できる点が見つかる

【一見ちがう意見でも……】
水族館に行きたい
遊園地がいい！
【理由は一緒】
【理由】みんなで楽しめるから
【理由】みんなで楽しめるから

【話し合いで困った】

話し合いやディスカッションでかっこよく振る舞うには？

①

書いて整理する人になる

②

「何を考えるべきか」を提案する人になる

③

話の展開をつくる人になる

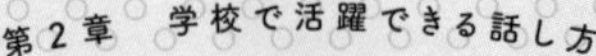

ディスカッションで必要なのは、「話す人」だけじゃない

①話の内容を書く「書記」

いいディスカッションというのは、話の「いい流れ」があるんです。その「流れ」とは、まずはそれぞれが自分の意見を話して、その内容を黒板やホワイトボードなどに書いてみて、今度はそれにもとづいて、さらに話を進めていく……というものですね。

こういう流れでディスカッションを進めると、同じ話が何度も出てきたり、同じ話がずっと続いたりすることを避けられます。

たとえば学級会でも、みんなが同じ話ばかりしてしまうことがあるよね。

　そのとき、出てきた意見を一つひとつ、黒板やホワイトボードに書いて、みんなが見られるようにしておくと、意見を言う人が「この意見、さっきも出たから言わなくていいや」と思えたり、「この意見は、さっきの○○と同じ意見だね」と気づけたりするようになって、話が後戻りしなくなります。

　この、出てきた意見を書く人のことを**「書記」**といいます。書記の役割は、書くことが第一ですが、ただ書いているわけではなく、意見を整理してまとめているのです。「整理するとこうなります」「今まで意見はいろいろ出たけど、まとめると、この三つになります」みたいにね。

　書記がいれば、たくさんの意見が出ても、「今、意見をまとめるとA・B・Cの三つがあります」「多数決をとってみませんか」と提案できます。すると、ディスカッションはスムーズに進みますし、結論が出るのも早くなるんです。

②「何を考えるべきか」を提案する人

また、ディスカッションでは、「今、何を考えるべきか」を提案できる人が必要になります。みんなそれぞれ「何を考えようかな」「これを話し合うことが大事では？」と考えていると思うのですが、そんなときに**「ではまず、○○について考えてみませんか？」**と提案する人がいると、とても話が進めやすいんです。

この提案をする人は、かんたんにいうとディスカッションのリーダーなんです。全体を上から見るようにして、「今は何を話すべきか」を指示できる人ですね。

③話の展開をつくる人

あとは、ほかの人の意見を聞いて、「**それだったら、こういうふうに考えるのはどうですか？**」と、話を新しい展開へともっていってくれる人も、とても重要です。

小説やマンガなどの物語では、**「起承転結」**という、話の流れがありますす。物語のきっかけの「起」、物語が動き出して、話が進んでいく「承」、物語の流れが変わる「転」、そして締めくくりの「結」。

話が進まないディスカッションでは、話が大きく展開させる「転」がないので、「承」のままで話し続けてしまうんです。だから、きちんと「承」から「転」へと話を運んでくれる人は、とても重要なのです。

POINT

自分がやりやすい役割に挑戦しよう

【話し合いで困った】

いろんな意見が出て、みんなの話がまとまらない

基本

紙に書きながらまとめていくといいのでは？

できる！

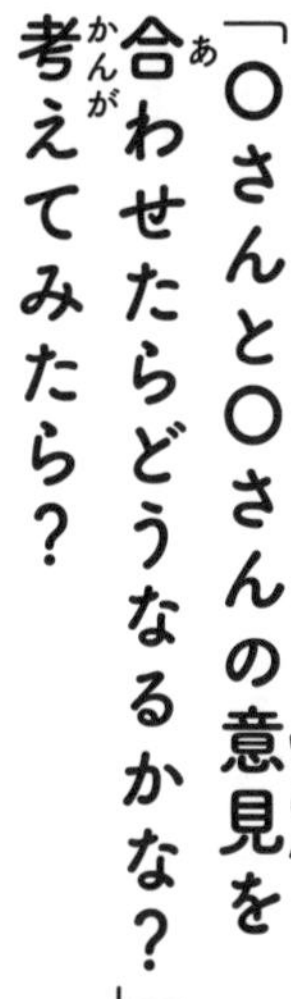

「○さんと○さんの意見を合わせたらどうなるかな？」と考えてみたら？

これだけでもOK

決めることを紙や黒板に書いておこう

意見をまとめるには、とにかく「書く」ことが大事

話し合いのまとめ役って、大変だよね。たくさん意見が出るのはうれしいけれど、それを一人でまとめるとなると、「こんな意見あったかな？」「さっき〇〇ちゃんが言ってたのは、どんな話だっけ？」なんて、取っ散らかりそうだね。

それに、みんなも全員の意見を覚えているわけじゃないよね。ほかの人の意見を聞いているうちに、自分の意見だって忘れそうになって、「ぼく、さっきどんなこと話したんだっけ？」なんてことになってしまう可能性もあるかもしれない。

だからこそ、**意見はすべて、書きとめておいてほしいんだ。**ノートやプリントの裏など紙に書いてもいいし、黒板やホワイトボードでもいい。とにかく出た意見は書くようにしてほしいのです。

そのとき、発言した人が言ったことをそのまま書くんじゃなく、**短くまとめるのがコツ**だよ。

書き出しておくと、じつは似たような意見ばかりだったとか、意見が真っ二つに分かれていたということに気づけたりするんです。意見が分かれているなら、それぞれの意見がどちらに関係するものなのかがわかるように「反対」「賛成」などと記号をつけるといいですよ。

また、意見をよく見てみると、**「この意見とこの意見をくっつけたらどうだろう？」**と、考えることもできるね。ことなる意見をくっつけると、じつはとてもいい意見になることも多いんです。

たとえば、「みんながそうじをサボらないようにするにはどうしたらいいか」というテーマで話していて、ある子が「ちゃんとそうじをしているか見張り役を決める」という意見を出し、べつの子が「いちばんきれいにそうじをした班を表彰する」という意見を出していたとします。この二つを合体させてみると、「見張り役の人が一番熱心な班を帰りの会で表彰する」という考えにならないかな？しかも、けっこういいアイデアだよね。

こうやって意見を書き出すと、意見と意見をくっつけて新しい意見も生み出せるんだ。

そして、なるべくだったら、**話し合いが始まる前に、決めるべきこと（めざすゴール）をあらかじめ紙や黒板に書いておくようにしてみましょう。**そうすれば、みんなも「今日は○○について話すんだな」とわかりやすいし、それ以外のよけいな話も出ず、意見もまとまりやすくなるはずだよ。「ゴールをめざせ！」ということだね。

POINT

意見をまとめるためには「書く」ことが大事

【書いて意見をまとめよう】

キャンプで食べたい献立

カレー	焼肉	ラーメン

お肉をカレーと焼肉とで半分ずつ使って、両方食べられないかな？

【発表・プレゼンで困った】

みんなの前で発表するんだけど、気をつけたほうがよいことはある？

基本

とにかく、明るく話そう

できる！

紙の資料を用意しておくと、わかりやすいし、緊張しないよ

これだけでもOK

自信がないときほど大きな声で！

明るく話すことが一番です

発表やプレゼンテーション（プレゼン）では、「これはいいものですよ」「わたしはこう思うんです」ということを、だれにでもわかりやすく伝える必要があります。

明るく大きな声で

そんな「伝わりやすい」話し方のポイントとして、最初に心がけてほしいのは、**明るく話す**ということです。下を向いてブツブツ言ったり、ムスッとして話したりするのではなく、みんなのほうを向いて、明るいトーンで元気よく話すと、どんな人でも「いいな」と思ってくれます。

大きな声で話すのも、プレゼンでは大切です。とくに自信がないときには、なぜか声が小さくなるよね？　そうすると、いかにも自信なさそうな感じになって、見ている人にも「あの人、自信ないんだな」と思われてしまうんだ。

だから、**自信がないときほど大きな声で話してみてください。**

すると自然と、自信が出てくることもあります。

資料を用意すると緊張もしない

事前の準備もしておいたほうがよいと思います。プレゼンには、図やグラフが描いてある資料を用意しておくと、見ている人にはわかりやすいですよね。

模造紙などに大事なポイントをいくつか書いてもいいですし、パソコンやタブレット端末を使っている人は、ぜひ図やグラフなどの目で見てわかりやすい資料をつくって、映しながらプレゼンするといいと思います。

それに資料を用意しておくと、「失敗したらどうしよう」という緊張がなくなります。

とにかく文字にして、ポイントをわかるようにしておけば、きみだって話し忘れることはないし、聞いているほうも「こういうことを話しているんだな」「今、この話を聞いているんだな」と記憶に残りやすいんです。それに、そういった準備をしているだけで、「きちんとした発表だな」と思われやすくもなります。

話すことを紙1枚にまとめよう

そして、発表のためには、**言うべきことを事前に「紙1枚」にま**

とめておきましょう。2枚や3枚なんて必要ありません。1枚ならかんたんにできますし、発表でも言うべきことを言えるので、おすすめです。ぼくは大学で教えている学生さんたちにも、いつも「紙1枚にまとめてね」と言っています。

プレゼンは、聞いている人たちに「言いたいことがはっきりと伝わってくるな」と思ってもらえれば成功なんです。だから、「言いたいことをはっきり伝える」ための準備として、「紙1枚」はとても大切ですよ。

POINT

「言いたいことが伝わる」ように準備しよう

【発表・プレゼンで困った】

発表する前は緊張しちゃう〜〜

おおぉ——

基本

うなずいてくれる人に向かって話そう

できる!

「これだけは言いたい」ということを決めよう

これだけでもOK

自分らしく誠実に話せば大丈夫!

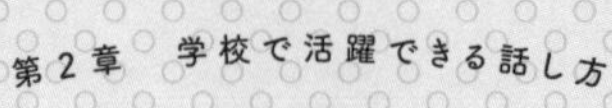

自分らしく誠実に話せればそれでOK

発表やプレゼンのときに、どうして緊張してしまうのかというと、だいたいは「みんながこっちを見ている」「失敗したらどうしよう」「みんな自分のことをどう思うだろう」と考えすぎてしまう……という理由なんだよね。

だったら、その理由から、緊張しない方法を考えてみるといいんじゃないかな？

聞いてくれる人に向かって話そう

「みんながこっちを見ている」と緊張するときって、みんながきみを監視しているかのように見えていると思うんだよね。まるできみのミスをチェックしているような……。

でも、実際にはそんなことはなくて、みんなはきみの話を聞いているだけなんだ。なかには、きみの話を真剣に聞いて、楽しんでくれている人もいる。だから、そういう人に向けて話すようにすると、緊張がやわらぐと思います。

きみと仲のよい友だちは、きみの話にうなずいたりして、楽しんでくれていると思うんだ。そういう**「この人は話を聞いてくれそうだな」と思える人に向かって話すようにすると、落ち着いて話すことができますよ。**

相手から見たらどう？

ちゃんと聞いてるよー

「これだけは言いたい」ことだけ話せばOK

あと、自分が緊張しやすいタイプだとわかっているなら、たくさんのことを話そうとは思わず、「これだけはぜったいに忘れずに話すんだ！」ということを決めておくといいのではないかな。

忘れそうだったら、手のひらに書いておいてもOKだよ。それさえ言えれば、発表は大成功！というふうに、発表へのハードルを下げれば、緊張も少なくなると思います。

最後の言葉を決めたら、あとは自分らしく話せば大丈夫

準備もして、緊張をほぐしたら、あとは自分らしく誠実に話せればいいと思うんだ。無理してウケようとせずに、自分の伝えたいことを、ちゃんと誠実に伝えることに集中していこう。

そして話し終わったときのために、最後の言葉は用意しておきましょう。**「お聞きいただき、ありがとうございました」**でもいいし、**「これでわたしの発表は終わりです。ありがとうございました」**でもいいですね。

漫才をする芸人さんたちも、最後に「もうええわ」と言って終わるでしょう？　ああいう感じです。これを言えば「発表が終わった」と伝えられる言葉を決めておくと、発表をすっきりと終えられるので、おすすめですよ。

「自分がどう思われるか」なんて、

気にすればするほど恥ずかしくなったり、いやになったりするから、**「自分がどう思われるかは、プレゼンには関係ない」「大切なのは、言いたいことをどうやって伝えるかだ」**という気持ちで、堂々と話してみてください。

POINT

自分らしく話せればOKです

第3章
だれと会っても
「きちんとした
言葉」で、
かっこよく
話そう
おおぉー

先生や、しんせきの大人と話すときに緊張しちゃう！

みんなが会う人のなかには、友だちだけでなく、大人もいるよね。お母さんやお父さんはもちろん、おばあちゃん、おじいちゃんやしんせきの人、学校の先生や塾の先生、スポーツチームのコーチもそうかもしれない。

お母さん・お父さんならまだしも、他の大人に話しかけるときは、ちょっと緊張しちゃうという子もいるんじゃないかな。

でも、ほとんどの大人は、子どもにはよろこんでもらいたい、と思っているよ。だから、えんりょしたりしないで、ハキハキと話したほうが「しっかりした子だな」と思ってもらえます。

でも、言い方によっては、失礼になってしまうから、そこだけ気をつけようね。

【お礼を言う】

しんせきのおじさんが算数のわからなかった問題を教えてくれたんだけど、いざお礼を言うとなると、何を言っていいのかわからなくて困っちゃうんだよね

基本(きほん)

「ありがとう」は欠(か)かさず言(い)おう

できる!

「この間(あいだ)教(おし)えていただいたおかげで、テストの点数(てんすう)が上(あ)がりました」などと報告(ほうこく)をそえよう

これだけでもOK(オーケー)

紙(かみ)に書(か)いてお礼(れい)をわたしてもいいよ

「ありがとう」の一言だけ言えれば大丈夫

感謝を伝えることは、大切なことだと思うんだ。

だから、**ちょっとしたことでも、きみに何かをしてくれた人には、必ず「ありがとう」と言おうね。**先生や友だちや家族、それから、きみたちの登校や下校のときに、道路で旗を持って見守ってくれている人たちにも、お礼をしたいよね。そういう人たちの中には、「子どもたちの安全を守りたい」という気持ちだけで、見守りをしてくれている人もいます。そんな親切な人に、きみたちができるのは、感謝の気持ちを言葉で伝えることなんだ。

「**いつもありがとうございます**」と伝えるだけで、その人たちも「やっててよかったな」と思ってくれるものなんです。

その後の報告をしよう

何かを教えてもらったり、手伝ってもらったりした人には、「その後にどうなったか」という報告をするといいよ。

たとえば、算数の問題がわからないとき、「どうしたらいいですか？」と、算数が得意なしんせきの人に聞けば、きっとアドバイスをくれるよね。まずはそのアドバイスに沿ってやってみて、少しでもできるようになったら、**「アドバイスのおかげで、わかるようになりました」**などと、報告をしてみてください。

すると**教えた人も「教えてよかった」と思ってくれるし、もっといいアドバイスをしてくれるようにもなります。**そうすると、コミュニケーションが増えていきますよ。

お礼状を送ろう

直接言いづらい場合や離れた場所にいるときは、手紙でもいいと思います。**感謝の気持ちは、文字にするといちばん強くなるんだ。**

大人の世界では、「お礼状」というものがあって、お世話になったり、ごちそうになったりしたら、手紙やハガキでお礼の言葉を伝えることがあります。最近だと、メールでお礼を伝えるようにもなっていますけどね。

手紙やハガキ、カードにお礼の言葉を書いて送ってもいいし、小さい紙に「ありがとうございました」と書いて、わたしてもいいと思います。それだけで、相手はとてもよろこんでくれますよ。

ぼくが大学で教えている学生の中には、学校の先生になろうとしている人がいます。そういう人は、先生になる前に、学校で実際の先生や子どもたちの様子を見たり、授業をしてみたりする「教育実習」というものに行くんです。

その教育実習で、何日か子どもといっしょに過ごして、実習が終わる最後の日には、子どもたちから感謝のお手紙をもらうことが多いんです。それは、「自分は本当に先生になれるんだろうか」と不安になっている学生にとっては、とてもうれしいものなんです。

「この手紙、一生大事にします」と言う学生もいるほどです。

つまり、紙に書いた文字というのは、すごく価値があるんだ。高価なプレゼントをわたすよりも、感謝を言葉にしたもののほうが、相手にとっては価値が高いこともあるんですよ。

POINT

感謝の言葉は、価値のあるプレゼントになる

【お願いする】

先生に
用事があるんだけど、
なんだか忙しそう……。
声をかけていいのかな??

基本

「質問があるんですが、いつ頃大丈夫ですか？」と相手の可能な時間を聞いたら？

できる！

「○○について聞きたいのですが、10分くらい、どこかで時間はありますか？」内容とかかる時間をそえて聞くといいよ

これだけでもOK

「今、お時間大丈夫ですか？」と聞いてみて

相手が忙しそうなときの魔法の言葉

忙しそうにしている人には、なかなか話しかけにくいよね。タイミングが悪いと「後でね」と言われそうだし、きげんまで悪いと、おこられそうだし。

でも、**学校の先生はどんなに忙しくても、きみたちから質問してもらえることは、とてもうれしいんだ。**だから、先生には積極的に質問してみてほしいです。

さて、相手が忙しそうなときに、ぜひ使ってほしい、魔法の言葉があります。それは「**今、お時間大丈夫ですか？**」です。

こういうふうに聞いてみると、相手の人からは、「この人は、わたしが忙しいことをわかって、気をつかってくれているんだな」と思ってもらえます。

「うるさい！」とどなったり、おこったりしてくる人はまずいません。相手が先生の場合には、「大丈夫だよ」と言うか、「今は忙しいから、あとでね」みたいに答えてくれると思います。

でも、そう言われると、「『あとでね』っていつなんだろう？」と思いますよね。そういうときには、「**いつなら大丈夫ですか？**」と聞いてみて、相手の都合がいいという時間にもう一度声をかけてみてください。

「あとで」っていつ？

もう一つ、この魔法の言葉をバージョ

ンアップさせた言葉もあります。それは、**「○○について聞きたいのですが、いつならお話をしても大丈夫ですか？」**です。

この言葉のいいところは、「なぜ声をかけたのか」という理由を言っているところです。

「さっきの授業の○○のことですが」とか、「家のことなんですけど」と、話したいことを言ってもらえると、「授業でわからなかったところを教えればいいんだな」「おうちのことで、何かあったんだな」と、相手は心の準備ができます。そして、きみが話したいことが、その場ですぐに答えられることなのか、それともべつの機会にじっくり話したほうがいいことなのかも判断できるんです。

「10分ぐらい、時間はありますか？」と、時間を決めてもいいですね。「話すといっても、短い時間ですよ」ということを相手に伝えることで、「10分ぐらいならいいか」と思ってもらえるんです。

お願いするときは、相手の都合に合わせたり、相手の時間を使っていることを忘れないでおこうね。

POINT

相手の時間を大事にしていることを伝えよう

【相手が忙しそうなときは】

今、お時間大丈夫ですか？

○○について聞きたいです

いつならお時間をいただけますか？

10分くらいお時間はありますか？

【許可を得る】

しんせきのおじさんの家におもしろそうなマンががあった。だまって読んじゃダメだよね……

基本

「これ読んでもいいですか？」と聞いてみよう

基本

借りたらお礼を言おうね

できる！

「おもしろそう！」と伝えてから、「読んでいいですか？」って聞いてみよう

大人へのお願いはハッキリ言ったほうがいいよ

すごく気難しそうなおじさんだったりして「読ませて」「貸して」とはなかなか言い出しにくいこともあるよね。それに、大人に何かをお願いするのは緊張する人もいるかもしれません。

でも、自分の好きなことに、子どもが興味をもってくれるのは、大人にとってうれしいものなんです。だから、おじさんの家にあったマンガを「読みたい！」と言ったら、おそらく「いいよ！　おもしろいから、読んでみて！」なんて、気軽に貸してくれると思いますよ。

だから、まずは勇気を出して、**「あのマンガ、読んでもいいですか？」**と聞くことをおすすめします。そう言われたら、よっぽどじゃない限り、「いいよ」と言ってくれるはずです。こっそり読んだりせず、まずは大人に声をかけて、読んでもいいかを確認しましょう。

それに、**モジモジしないで「貸してください！」とはっきりと言ったほうが、大人には「ハキハキしてていいな」と思ってもらえるものなんです。**だから、「図々しいかな？」とか「ダメって言われたらどうしよう」とは考えず、まずは「貸してください」と言ってみてください。

「おもしろそう！」と言ってみる

「あれ、おもしろそう！」「すごく興味があるんですけど」みたいに、そのマンガを見つけたときの感想を伝えたうえで、「**読んでもいいですか？**」と許可をもらうのもいいですね。貸すほうも「自分の好きなものを、そんなふうに思ってくれて、うれしい」と考えてくれます。

何事においても、理由を伝えることは、大事です。お店で何かほしいときに、ただ「買いたい！」と言っても、「そんなのむだづかいだよ」と言われてしまいますが、「**妹といっしょに楽しみたいから**」「**勉強のために使いたいので**」と、きちんと理由を伝えれば、「買ってもいいんじゃない？」と言ってくれる可能性は高くなります。

貸してもらったら、どんなことに気をつければいい？

借りたら、必ずていねいに扱うようにしよう。そのマンガは、きみ以外の人が、その人のお金で買った大切なものなんだ。だから、**自分のもの以上にていねいに扱ってほしいんです。**

そして返すときには、「ありがとうございました」という感謝の言葉とともに、「おもしろかったです！」「○○の場面、好きでした」と、感想を必ず伝えよう。そうすると、相手も「貸してよかったな」と思ってくれるし、「わたしもあの場面、好きなんだよね」なんて、きみと会話がはずむかもしれない。そして、ほかのマンガを貸してくれたり、マンガにまつわるいろいろな話を聞けたりするかもしれないよ。

そして借りたら、必ず返す！　それで信用が生まれるよ。

POINT

勇気を出してお願いしてみよう

【大人への伝え方で大事なこと】

近所のおばさんが描いた絵がすごく上手だった。「けっこううまいですね」と言ったら、お母さんににらまれたんだけど……

基本

目上の人へのほめ言葉は気をつけよう

できる!

「もっと見てみたいです」「素敵!」などの言葉は大丈夫

これだけでもOK

「わあ」という歓声だけでも気持ちは伝わるよ

目上の人への言い方は気をつけよう

日本語って、世界にある言葉の中でも、かなりむずかしいものなんです。その理由は、上下関係によって言葉の使い方がガラッと変わるからなんですよね。「敬語」もそうですが、目上の人に言ってはいけないことがあって、それを判断するのが、ほかの言葉にくらべるとてもむずかしいんです。

さて、ここで出てきている「目上の人」は、きみたちより「年上の人」にあたります。どんな人であれ、きみたちよりも長く生きている人は、きみたちより「目上」であって、敬うべき相手なんです。

そこで、年上の人の絵がうまいとか、歌や楽器の演奏がすばらしいとか、そういうときに、友だちに言うように「けっこういいね」「かなりうまい」と言うのは、失礼なことなんです。「**目上の人を、ほめるときは言葉に気をつける**」。これは、日本での社会的なルールといえます。

「なんで?」と思うかもしれませんが、「ほめる」ということは、その人のしていることや、その人の能力を「評価」することだからです。

きみたちが、学期が終わるごとにもらう通信簿も、評価の一つだよね。そういう評価は、目上の人が下の人に対して行なうか、自分と同じぐらいの立ち位置の人が行なうものなんです。

だからきみたちが、年上の人をほめるというのは、「下の人が、目上の人を評価している」ととらえられて、失礼だと思われてしまうことがあるんです。

だったらなんて伝えたらいいの？

それでも、その人の作品で自分の心が動いたことは、本人にぜひ伝えたいですね。

そういうときには、評価にならないような言葉を伝えてみてください。たとえば、**「すてき！」「きれいです！」**などと、一言で感想を伝えるようなイメージです。ちょっと大人っぽく言うなら、**「こんなすてきな作品を見せていただき、ありがとうございます」「もっと○○さんの作品が見たいです」**といった言い方もいいですね。

「わぁ！」「きゃー！」みたいな歓声や拍手でも、きみの「すごい！」と思っている気持ちは伝わると思うんだ。ジェスチャーでも、感動している様子は伝えられると思いますよ。

ほめ言葉の代わりに、質問をしてもいいと思います。**「どうすればこんなふうに絵が描けるんですか？」「このきれいな色は、どう**

やってつくったんですか？」みたいにね。質問することで、「あなたの作品に、とても興味があります」ということを伝えられるから、相手の人もよろこんで質問に答えてくれると思います。

そして、これは目上の人が相手であるときに限ったことじゃないけど、**わざとらしくほめるのはやめようね。**大げさすぎる言葉は、相手も「本当はそこまで思ってないんじゃない？」「どうせおせじだよね」と思われてしまうこともあるんだ。だから、ほめるときには、本当にきみが感じたことを、すなおに言うようにしてほしいと思います。

POINT

表情や質問でも「すごい」という気持ちは伝えられる

先生、
知ってる？

先生、
ご存じですか？

だれですか？

どちらさまで
しょうか

母が
いらっしゃいます

母が
まいります

【覚えておきたい敬語　間違いはどっち？】

○

校長先生が
おっしゃいました

ちょうだいした
おやつをいた
だきまして、
まことにあり
がたく……

やりすぎ注意！

【家の電話をとった】

お母さんがいないときに電話が鳴った！どうしよう！

基本

今、親は手が離せないと伝える

できる!

だれからの電話でどんな要件かをメモしてね

これだけでもOK

「お母さん／お父さんは留守です」って言っちゃダメ!

留守番中でも「今、親は手が離せなくて……」と言おう

電話に出るのって、ドキドキするよね。

とくに家の電話だと、だれからかかってきたのかわからないことも多いし、「ぜんぜん知らない人と話すことになったら、どうしよう」と思うと緊張しますよね。

おうちに大人がいないときには、どうしてもきみが電話に出なくてはいけないこともあると思います。

一つ約束してほしいんだけど、そんなときに電話に出たら、**「今、家にはだれもいないので」ということは話さないようにしましょう。**

たとえ電話の相手が、お父さんやお母さんの知り合いだと言ったとしても、**「お父さんもお母さんも、今、手が離せなくて」**と伝えるようにしよう。

じつはこれには、大きな理由があります。

まず、**きみの家に電話をかけてきた人が悪い人で、きみの家の状況を探るために電話をかけてきていたとしたら……と考えてみてほしいんです。**

きみが「今、家にはだれもいないので」と言ってしまったら、悪い人は「じゃあ、あの家は今、子どもしかいないんだな」と思い、きみの家

電話の向こうは悪い人かも!?

おおおー

に入ってこようとするかもしれません。それに、きみにいやなことを言ってくるかもしれません。

だからあえて、**「家に大人はいるけれど、手が離せないから電話に出られない」**と答えてほしいんです。

たとえ相手が知り合いだと言ってきたとしても、そう答えるようにしてください。悪い人が、知り合いになりすましている可能性もあります。

名前と要件を聞こう

また、**電話を受けたら、その人の名前と、いったいどんな用事で電話をかけてきたのかを確認して、メモをしておきましょう。**

「お名前を教えていただけますか？」「どのようなご要件ですか？」と聞いて、相手が答えてくれたら「**母（父）に伝えておきます**」と言って、電話を切ってしまってかまいません。

相手としては、本当に話したかった人に、名前や用事を伝えてもらえると、とっても助かります。

それに、**もし電話の相手が悪い人だったら、ぜったいに名乗りません。**名乗っても、うその名前です。だから、「名前を言わない人＝悪い人」というふうに考えることもできるんだ。

つまり、相手の名前を聞くことは、じつは悪い人を避ける効果もあるということなんです。

POINT

留守番のときの対応は自分の身を守るために知っておこう

【確認する】

先生が「宿題にします」と
言っていたページは、
イラストしか
ないんだけど……。
ひょっとして、まちがい？

基本

「先生、そのページに宿題に
なりそうな問題がないのですが、
どうしたらよいでしょうか？」と
その場でパッと確認するといいよ

できる！

友だちに確認してから、
先生に質問したらどうかな

先生だって、まちがえることはあるよね

先生がまちがえて、ページを指定したみたい……。そういう場合には、可能性が二つあると思うんだ。

一つは、先生がかんちがいしている場合です。伝えるページをまちがえてしまったってことですね。

もう一つは、きみがページを聞きまちがえているパターンです。

どちらの場合にせよ、その場で確認するのがいちばんいいよね。

「先生、そのページには宿題になるようなところがないのですが」

と聞いて、確認してしまえば、すっきりするよね。

もし、先生のかんちがいで、先生が「ごめんね。本当はこっちのページです」とちゃんと伝えてくれたなら、その話はこれでおしまい。「先生、まちがえてるー」なんて、先生をからかうのはナシですよ。

きみの聞きまちがいだった場合には、きちんと謝りましょう。

「すみません。聞きまちがいでした」と言えば大丈夫です。そして、今後は聞きまちがいしないように、気をつければいいだけですね。

先に友だちに確認してみよう

自分の聞きまちがいだったらいやだから、先生に聞くのはちょっと……というときには、友だちやとなりの席の子に確認してみてもいいですね。「**今、先生は何ページって言ったかな？**」と確認して、「あれ？　このページ、イラストしかないよね？」と、きみ以外の子も先生のかんちがいに気づいてから、先生に伝えます。

どんな形であれ、不安なことがあったら、必ず確認したほうがいいです。話の行きちがいは、だいたいは確認不足で起こるものなのです。確認するにしても、なるべくその場でパッと聞いてみるといいと思います。

その場で聞いてしまえば、クラスのほかの子だって助かりますよね。家に帰ってから、「あれ？　先生、ページをまちがえてない？」ということになると、宿題を出した意味がなくなってしまいます。

ぼくは大学で教えている学生には、社会人として必要な「『**天守閣（テンシュカク）**』**を大切にしなさい**」といつも言っています。「テン」はテンション。テンション高く、何事にも取り組んでほしいってことです。「シュ」は修正力。「カク」は確認だよ。どんなに失敗しても、修正する力があれば、実力アップができます。

POINT

「あれ？」と思ったら確認

第4章

SNSとどう付き合う？

SNSをどうしても使うなら……

スマートフォンをみんなが使うようになって、一気に広がったのがSNS（ソーシャル・ネットワーキング・サービス）です。

SNSは手軽に友だちとやりとりできて、便利なものだけど、短い文章で会話をするから、どうしても誤解が生まれやすくもなります。それに、SNSでは見知らぬ人ともかんたんに出会えてしまう。それで友だちを増やせることはあるかもしれないけれど、危ない部分のほうが多いから、十分注意が必要です。

ぼくは、正直なところ、小学生のうちはスマートフォンはいらないと思います。あっても、電話だけとか、機能が限定されたもので十分です。でも、友だちが使っていると、その中に入りたくなる気持ちもわかります。

だから利用する場合には、まずおうちの人と相談して、使っていいかどうかや、どんな使い方をするかを、きちんと決めてから使いましょうね。各種のサービスもそういう規程になっています。

【SNSを使うなら】

LINEなどのSNSを使うときの、最低限のルールを教えてください

① 知らない人とつながらない

② 悪口を書かない。いやなことを言わない

③ 時間をとられすぎない

④ 誤解を招かない言葉を使う

SNSを使うときの最低限の4つのルール

①知らない人とつながらない

SNSのいいところは、いろんな人とかんたんにつながれるところです。でもそれは、じつは怖いことでもあるのです。

SNSは、お互いに顔を見せなくてもやりとりができる。だから、きみが「自分と同じ年齢の子かな？」と思ってやりとりをしていた子が、じつは大人だった……なんてことも、ありえます。

また、SNSに書きこんだことや、音声チャットの内容から、きみの名前や住んでいる場所、通っている学校などがバレてしまうこともあります。しかもその情報を手に入れた人が、きみに会いにきたり、「いっしょに遊ぼうよ」なんて声をかけてきたりするかもしれません。

そういうさそいには、ぜったいにのらないこと。知らない人とは、ぜったいに会わないこと。知らない人からも読める状態になっている場合は、住所や学校につながるような文章や写真を投稿しないこと。そして、SNSで何か困ったことがあったら、すぐにおうちの人に相談するようにしましょうね。

②悪口を書かない。いやなことを言わない

SNSでは、だれかの悪口や、何かについてけなすようなことは、書きこまないようにしよう。

SNSではだれがその書きこみを目にするかわかりません。

たとえば、きみがAさんという有名人について、「きらい」「ムカつく」と書きこんだら、Aさんが偶然きみの書きこみを見てしまう

ことだってあるんだ。そうしたら、Aさんは傷ついて、悲しくなるよね。

言葉というのは、人をよろこばせたり楽しませたりするものだけれど、使い方によっては、ナイフのように人を傷つけてしまうこともある。つまり、いやな言葉を投げつけるだけで、人を痛めつけているのと変わりないことなんだ。

しかも、SNSなどのネット上に、根拠のない悪口を書きこむと、「名誉毀損罪」や「侮辱罪」といった犯罪となり、高額のお金を支払わなくてはならなくなる場合もある。

だから、決して悪口やいやなことは言わず、楽しいことや、好きなもののことを書きこむようにしようね。

名誉棄損罪で
罰金や懲役に
なることもあるよ

③時間をとられすぎない

SNSって、まるでおしゃべりみたいに続けられるから、ついついいつまでもやってしまったり、気づいたら何時間もSNSを見ていたり……といったことが起こりやすいんだ。

夜遅くまで続けるのは、寝不足にもつながりますし、何時間もSNSをしていたら、勉強をする時間がなくなってしまうよね。しかも、SNSばかり見るのがくせになって、**「SNS中毒」**のようになってしまうこともあるんだ。そうなると、SNSのことばかりが気になって、ほかのことに集中できなくなってしまいます。

SNSに時間を取られすぎ

ないようにするためにも、**「SNSをするのは1日1時間だけ」「夜9時以降はやらない」**といったルールをつくって、しっかり守るようにしてみてください。

そして、SNSを見る代わりに本を読むとか、ほかのことにも気を向けるようにしてみてね。

③誤解を招かない言葉を使う

SNSは短い言葉のやりとりがメインになるので、どうしても言葉足らずになりやすいんだよね。

たとえば、ある子が何かで失敗をして落ちこみ、自分についての「バカみたい」と書きこんだとします。しかし、この短い文では、だれのことを指しているのかがわからないので、その書きこみを見た人たちが、「わたしのことを『バカみたい』って言ってる！」とかんちがいすることだってあるのです。

このような誤解が、SNSではとても生まれやすいのです。ですから、SNSに書きこむときには、**「だれ（何）のことか」「いつのことか」「どこのことか」といったことを、だれにでもわかるように書くようにしてみましょう。**

あいまいな伝え方を避けることで、必要のないケンカや言い争いをさけることもできますよ。

POINT

だれがどう受け取るかわからないので、注意して使おう

【SNSを使うなら】

友だちがつくったLINEグループに入っていいの？

LINEグループのような、SNS内のグループ会話がありますよね。あれに入るべきかどうか……と悩むこともあるんじゃないかな?

「せっかく友だちがつくったグループだから、入るべきなのかな?」とか、「自分一人だけ入らないと、そこで悪口を言われそう」とか、いろいろ思うところがあるだろうけど、はっきりいって、**無理に入る必要はありません。**

どうしても入らなくてはならないときは、入るときにあらかじめ、きみのSNSの使い方をみんなに伝えておくといいと思います。

たとえば、「**返信は遅めだけど、いい?**」「**うちはSNSを使う時間が決められているから、会話にはそんなに参加できないよ**」みたいにね。

そうすれば、すぐに返信しなくても、「何で返信しないの?」と言われることもないですし、「○○ちゃんは9時までしか使えないなら、9時以降にやりとりした話は学校で教えるね」なんて言ってもらえたりすると思うんです。

何よりも大切なのは、グループの都合ではなく、きみの都合や、きみの時間、そしてきみの気持ちです。「自分はどうしたいのか」を考えて、SNSのグループ会話とうまく付き合っていきましょう。

LINEの会話の注意点

LINEなどのショートメッセージでは、自分の意見を言うのもいいのですが、ほかの人の書きこみもよく読んでみてほしいなと思います。

そして、ほかの人が言っていることで、「いいな」と思えるようなものがあったら、「**それに賛成です**」「**それっていいですね**」という言い方で参加するのが、SNSの使い方としてはいいのではないでしょうか。つまり、いい意見に「いいね」をつけるような感覚ですね。

また、**みんなで話が続いているのに、ぜんぜん関係ない話題を出して、話をとぎれさせるようなことは、やめたほうがいい**と思います。

もしどうしても言いたいことがあるなら、ひととおり話が終わるタイミングを見計らって、「**話は変わるけどさ**」という感じで、新しい話題をふるとよいでしょう。

これは「話の流れ」を意識するということです。実際の会話でも、この流れは大切なので、ＳＮＳでも気をつけてみましょうね。

POINT

SNSとどんな付き合い方をするのか
友だちとも話せるといいね

【SNS（エスエヌエス）を使（つか）うなら】

返信（へんしん）がこない。無視（むし）されてるのかな……

返信がこない場合には、気にしないのがいちばんです。既読がついて何週間も返事がこなくても、「この人は返信が遅い人なんだな」とか、「SNSが苦手なのかも」と考えて、気にしすぎないようにしましょう。

それに、手紙やメールで連絡をとっていた時代にも、返信は必ずくるというわけではなかったんです。相手が返信できないほど忙しいこともあるし、「返信はしない」と決めている可能性もあります。だからSNSでも、「返信がこなくてもOK」という気持ちで書きこむようにすればいいと思うよ。

ちなみに、「○○ってどうですか?」と、「?」をつけて聞いているのに、返信がこないとショックが大きいので、あえて「○○**は××ですね**」と、返信がこなくても問題ないような書き方をしてもいいと思いますよ。

返信するときは、できるだけ早めに

逆に相手を不安にさせたくないのなら、返信は早めのほうがいいかもしれませんね。

たとえば、「○○のこと、教えて！」というメッセージがきたとしましょう。そのとき、きみが忙しくて、「きちんと教えることができないな」と思ったら、どうしますか？　きちんと教えられる時間まで、返信をしないでおくかな？　それとも、無理にでも時間をつくって、そのときにすぐ教えてあげるメッセージを送りますか？

ぼくだったら、まずは「**OK！　あとでくわしく教えるね**」と返事をします。そして時間ができたときに、きちんと教えてあげるメッセージを送ればいいんじゃないかな？

ここで大切なのは、相手がしてほしいことを、すぐにはできないとしても、**とりあえずは「あなたのメッセージを読んだよ」という返事をすることです。**そしてあとから、ゆっくりと返信をする。そうすると、相手もホッとしてくれると思いますよ。

POINT

返信はこないものと思っていたほうが気はラク

【「あとで教えるね」と送っておけば……】

【SNSを使うなら】

LINEもSNSも疲れちゃった。
でも、
やらなくちゃダメ?

LINEなどのSNSに疲れたときには、いったん使うのをやめてもいいと思います。SNSはみんなの生活を楽しくしたり、便利にしたりするものなのに、それに疲れてしまうということは、使い方がちょっとまちがっている可能性もありますから。

SNSから離れる場合、友だちには、「**SNSをちょっとだけお休みするね**」と伝えておけば、わかってくれると思います。

その代わり、**友だちと直接会って話すことを増やしてほしいな。**

会話というのは、じつは言葉だけでしているわけではありません。表情や身振り手振り、声のちょっとしたちがいなどを感じとりながら、お互いにコミュニケーションをとっているのです。

SNSに疲れたら、本当の会話に戻るチャンスだと思って、友だちとたくさん話してみてね。

POINT

疲れたら休もう！

おわりに　「みんなちがって、みんないい」で、毎日が楽しくなる

きみたちのまわりには、いろんな人がいるよね。きみとはちがう考え方や感じ方をする人がいるし、外国にルーツをもつ子や、人に言いたくないことを抱えている子もいる。

こうしていろんな人がいることを、**「多様性」**といいます。そして今は、「多様性の時代」といわれています。

多様性の時代である今は、「どんな人も受け入れよう」、「人それぞれのちがいは『個性』」と考えるのが当たり前になっています。でもだからといって、すべての人の個性や考えを、自分のことのように受け入れられるかといったら、自信のない人も多いんじゃないかな？

だからぼくは、**すべての人を「受け入れる」のではなく、「認める」ようにすればいいと思います。**

たとえば、きみが受け入れられないような意見を言われたとして

も、無理に「この人の考えを受け入れなくては！」と思う必要はありません。まずは、「そういう考え方もあるんだな」と、その人の言葉や考えを認めるんです。「自分とはちがう考えだけど、そういう考えがあっても悪くないな」と思えば、この世界にはだれ一人として、同じ人はいないということに気づけるはずです。

そう、じつは「多様性の時代」の前から、「多様性」は存在し続けているということなんだ。

「鈴と、小鳥と、それから私、みんなちがって、みんないい」

これは詩人・金子みすゞさんの、『私と小鳥と鈴と』という有名な詩の一節です。

地球が誕生して、今にいたるまで、ずーっと多様性であふれているのが、この世界なんだ。だから、「みんなちがって、みんないい」という気持ちを忘れずに、どんな人とでもわかりあえるような話し方や言葉づかいを心がけていきましょうね。

齋藤　孝

齋藤 孝（さいとう・たかし）

1960年静岡生まれ。明治大学文学部教授。東京大学法学部卒。同大学院教育学研究科博士課程を経て現職。『身体感覚を取り戻す』（NHK 出版）で新潮学芸賞受賞。『声に出して読みたい日本語』（毎日出版文化賞特別賞、2002年新語・流行語大賞ベスト10、草思社）がシリーズ260万部のベストセラーになり日本語ブームをつくった。著書に『12歳までに知っておきたい語彙力図鑑』『12歳までに知っておきたい言い換え図鑑』（日本能率協会マネジメントセンター）、『ふわふわとちくちく』（監修、日本図書センター）等多数。テレビ出演多数。NHK Eテレ「にほんごであそぼ」総合指導。

こんなときどう言う？事典

2024年 3月20日 初版印刷
2024年 3月30日 初版発行

著 者 齋藤 孝
発行人 黒川精一
発行所 株式会社 サンマーク出版
〒169-0074 東京都新宿区北新宿2-21-1
電話 03（5348）7800
印 刷 株式会社暁印刷
製 本 株式会社若林製本工場

ISBN978-4-7631-4129-3 C8037
ホームページ https://www.sunmark.co.jp